墨香财经学术文库

知识视角下产业集群演进的动态过程理论

Toward an Evolutionary Process Theory of Industrial Cluster: A Knowledge-based View

尤树洋 著

东北财经大学出版社 Dongbei University of Finance & Economics Press 大连

图书在版编目（CIP）数据

知识视角下产业集群演进的动态过程理论 / 尤树洋著. —大连：东北财经大学出版社，2025.5.—（墨香财经学术文库）. —ISBN 978-7-5654-5575-9

Ⅰ. F263

中国国家版本馆CIP数据核字第2025Y8L126号

知识视角下产业集群演进的动态过程理论

ZHISHI SHIJIAO XIA CHANYE JIQUN YANJIN DE DONGTAI GUOCHENG LILUN

东北财经大学出版社出版发行

大连市黑石礁尖山街217号　邮政编码　116025

网　　址：http://www.dufep.cn

读者信箱：dufep@dufe.edu.cn

大连图腾彩色印刷有限公司印刷

幅面尺寸：170mm×240mm　字数：184千字　印张：15.25　插页：1

2025年5月第1版　　2025年5月第1次印刷

责任编辑：龚小晖　　责任校对：何　群

封面设计：原　皓　　版式设计：原　皓

书号：ISBN 978-7-5654-5575-9　　定价：82.00元

教学支持　售后服务　　联系电话：（0411）84710309

版权所有　侵权必究　　举报电话：（0411）84710523

如有印装质量问题，请联系营销部：（0411）84710711

本书为国家自然科学基金面上项目“企业响应多重制度逻辑的微观机制：CEO 制度复杂性感知及其理论建构”（批准号：72372020）阶段性研究成果。

前　言

改革开放以来中国经济高速发展，成就举世瞩目。在东南沿海地区形成的产业集群现象丰富而明显，成为推动经济增长的重要引擎。当今知识经济时代背景下，知识创新成为产业集群竞争优势的重要来源，尤其是以中小企业为主体构成的产业集群更是如此。党的二十大报告明确号召弘扬企业家精神，突出中小企业创新的重要地位。由此，如何指导产业集群由资源拉动向创新驱动转型升级，对经济腾飞意义重大。这个实践要求理论学者从传统的成本和资源视角向企业知识观视角转变，进而深刻理解产业集群发展和演进背后知识创造和利用的一般规律。然而，目前缺乏产业集群演进的知识理论，仅有的相关文献对现实中集群发展所表现出来的阶梯式成长轨迹缺乏解释。因此，本书探究知识视角下的产业集群演进机制，不仅深化了已有相关文献，而且开拓了产业集群演进的知识理论。

对以往的研究分析表明：其一，知识视角的产业集群理论在近年来逐渐兴起，但没有构建基于过程观的动态理论，因此不能理解产业集群演进背后的内在机制。仅有的相关文献停留在理论思考阶段，过度强调产业集群作为组织场域的制度同构化作用，不能有效解释现实中的集群发展和演进规律。其二，已有理论强调制度同构化和集群利用式学习。将与之相对的制度创业和探索式学习等概念引入到产业集群发展和演进的分析框架中，是构建知识视角下产业集群演进的动态过程理论的有效途径。其三，研究产业集群的发展历程，需要深刻理解其情境，因此把研究置于改革开放和市场转型的大背景之下，并将市场转型的相关理论和研究成果纳入分析框架之中，是构建知识视角下产业集群演进的动态过程理论的关键。

本书通过整合制度理论和组织学习理论，建立知识视角下的产业集群演进的动态过程理论。因此，本书采用了一个深度案例研究，满足对产业集群演进的历程视角考察。所选取的案例是江苏省一个典型的乡镇制造产业集群，其超过30年的发展历程，跨越了计划经济后期和整个市场转型时期，经历了两个周期的发展起落，发展与变革轨迹清晰生动。这段时间的集群演进和发展，有针对性地符合本书中基于制度理论和组织学习视角的理论建构需要。

本书在描绘产业集群演进轨迹的基础上，阐释了解释机制，进而建立了知识视角下的产业集群演进机制的动态理论，并就该理论提出了一系列命题。研究表明：

其一，集群在其形成至今的40余年内，先后经历了竞争力的缓慢形成、快速提升、下落、回升、快速提升、缓慢发展等六个明显波动的历史阶段。其间，集群整体知识表现为缓慢提升、快速提升至停止再到重新缓慢提升的反复循环过程。这一变化背后的一般规律——集群演进机制——是集群作为组织场域整体的制度性变革（同构化与制度创业）和学习（利用式和探索式）自加强效应所致。

其二，由此构建出知识视角下产业集群演进机制的一般理论。理论认为，产业集群演进的一个循环过程由三个阶段所构成，即制度同构化与集群利用式学习行为自加强→制度矛盾→制度创业与集群探索式学习行为自加强。由一种制度变革过程及其所对应的集群学习行为过渡到另一种，是决定产业集群知识变化进而导致竞争力波动的内在机制，而能否克服过分制度同构化和过分利用式学习所产生的集群制度矛盾，是决定产业集群是否能保持长期竞争优势和持续健康发展的关键。

其三，在制度同构化阶段，为了获取合法性，企业大范围利用集群已有知识并转化为生产率，进一步加深制度同构化程度。集群知识增量边际递减直到停止增加，这是集群的学习近视，从而产生集群制度矛盾。在制度矛盾阶段，集群没有新知识产生，已有知识生产率和竞争力消失，集群生存危机使得行为者意识的反思性转移，促使集群开始制度创业和探索式学习。在制度创业阶段，打破已有制度，创造新的制度，集群行为者探索超出已有技术轨迹的新知识，开始探索式学习，集群创造出新的知识，集群知识增量开始边际递增。新知识带来的生产率和竞争力加强了制度创业行为的合法性，进而在集群持续发展中再次演变成为新一轮的制度同构化和利用式学习，集群知识增量从边际递增，经过拐点，转而边际递减。集群进入“制度同构和利用学习→制度矛盾→制度创业和探索学习”新一轮循环。本书构建的理论框架及其命题不仅可以解释中国情境中产业集群演进的一般规律，而且可以有效预测集群未来的发展轨迹。

本书构建的理论框架及其命题用以解释中国情境中产业集群演进的一般规律，对当前的企业实践有所启示。首先，知识视角下产业集群演进的动态过程理论是对已有集群演进机制相关研究的创新。本书将制度理论和组织学习理论中的核心观点创新性引入集群演进机制分析中，刻画出产业集群演进过程的复杂性和动态性，为从知识视角解释产业集群发展、演化和波动提供了一个全新的理论框架。其次，本书整合制度理论和学习理论作为解释集群演进机制的工具，解释了组织制度性变革和学习行为之间联系的内在逻辑，加深了学者对二者复杂动态关系的理解，回应了组织理论学者近期的研究号召。最后，本书以中国市场转型理论研究成果为背景，深刻理解中国产业集群演进规律，为我国集群地方政府出台恰当的治理政策、集群企业及时战略变革等管理实践提供理论依据。

尤树洋

东北财经大学

2025年3月

目 录

第1章

绪论

1.1 研究背景和问题

自改革开放以来，中国工业经济快速发展，成绩举世瞩目，中国已经跃居为当今世界第二大经济体。在此过程中，东南沿海地区所表现出来的“块状经济带”迅速形成并日益成长，以广大农村地区的乡镇产业集群为典型代表，已经成为我国经济增长的主要引擎。从产业分布特征上看，现阶段我国产业集群主要集中在制造业，江苏、浙江、山东、广东和福建五省占全国制造业产业集群总数过半，成为我国经济发展和成就“中国制造”的主要贡献者。

虽然产业集群对经济发展的贡献很大，但是我国大部分制造业产业集群仍然以中、小、微企业为主体构成，尚处于全球整体价值链的中、低端发展阶段。在东南沿海地区的纺织、鞋业、家电等产业集聚区域，由于对创业资本要求不高、技术门槛低等特征而表现出小企业密集度高、产品同质化、创新能力低下等特征，因此处于价值链的中、低端，成为代工企业的典型，表现为典型的劳动密集型产业集聚现象。另外，各地区的产业集群为当地经济发展做出了卓越贡献，在其各自漫长的成长和发展历程中所表现出来的竞争力波动轨迹和步伐虽然不尽一致，但却呈现出明显的相似之处。例如，有“中国鞋都”之称的福建省晋江市陈埭镇鞋业集群虽然在形成早期发展缓慢，但随着经济市场化转型，产业表现出前所未有的活力。因此，其在随后的发展中在全国乃至世界范围内的产业中拥有并表现出竞争优势，成为本产业著名的生产基地和品牌基地。另一些产业集群虽然在一段时间内成长迅速并表现出明显的竞争优势，但后续发展缓慢并呈现出衰落的迹象。例如，有“中国牙刷之都”之称的江苏省扬州市杭集镇牙刷产业集群，在其发展的前20年中表现出较明显的快速成长态势，但在近年来却表现出发展动力不足、企业成长缓慢的特点。在20世纪90年代曾家喻户晓的“三笑”牌牙刷也在近年来退出了国内主流市场，取而代之的是产业集群内的国外垄断企业，而集群内的大多数企业仍然从事简单的代加工和贴牌生产活动。

由此可见，产业集群对中国经济有着重要的推动作用，其中尤以制造业为主。但经验和数据表明，现阶段的中国制造产业集群仍然处于转型的关键期。另外，虽然不同地域的产业集群在发展历程中会表现出丰富多彩、形态迥异的发展脉络和演进轨迹，但其背后的规律具有一致性：集群整体拥有自我调节能力，使其发展路径表现为阶梯式、带有重生性质的特征。如何看待和理解这种转变过程，对于当今知识经济时代下的产业集群，特别是中国制造业产业集群进一步成长尤为关键。一方面，在经历了资源驱动成长和劳动力成本优势后，产业集群保持成长和竞争力的关键落在了其自身创新的能力上。另一方面，产业集群成长和发展从资源和成本推动转变到科技创新和知识创造拉动，必然要经历组织模式、战略行为的根本性变革。这一点要求我们对产业集群在成长和发展历程中的创新能力和知识创造的内在规律和机理要有深刻的理解。

然而，从研究现状上看，虽然现有产业集群理论文献开始从早期的成本和资源视角向知识视角转变，但缺乏有关产业集群演进动态过程的研究（谭劲松、何铮，2007；McCann and Folta，2008），为本书整合制度理论和组织学习理论，构建产业集群演进机制的动态理论留下了空间。

第一，从理论背景上看，本书立足中国现实发展有关产业集群演进的动态理论，与产业集群研究进行对话。诚然，理论界对产业集聚的关注由来已久，分别从经济学、经济地理学、组织与管理学等学科对这种现象的成因、特征和过程等进行了讨论（例如，Marshall，1920；Krugman，1991；Porter，1998；Tallman et al.，2004）。乍看之下，学者似乎充分理解了产业集群的现象并无研究贡献可言。

但是，随着知识经济时代的到来，基于成本和资源视角的传统理论在理解当代产业集群现象时显得解释力不足。以Porter（2000）和Maskell（2001）等为代表的学者在其开创性研究中对传统集群理论提出疑问：在信息技术和全球化经济高速发展的浪潮下，企业集聚与否并不能显著为其带来成本的下降，那么，为什么这种现象还会持续存在和发展呢？这需要理论工作者转变思想，以知识创造而非成本节约的新视角看待产业集群现象。一个解释就是在当今知识经济时代，知识和创新已经成为企业获取竞争优势的基本来源，这成为人们的共识。企业集聚不再仅仅是为了节约成本，而是为了向彼此学习以创造更多新知识和更有效地利用知识。由此，近年来产业集群文献从成本和资源视角开始向知识视角转变（Arikan，2009）。

第二，与这种理论视角转变不匹配的是，产业集群学者过分强调了静态分析的方法论范式，而忽略了产业集群成长背后的动态规律研究（谭劲松、何铮，2007；McCann and Folta，2008）。一方面，经济地理学者首先从经济结构视角探究了产业集群中知识创新的具体方法，认为集群的纵向结构——在产业链中互补的劳动分工环节间的技术创新——是产业集群新知识的重要来源，而横向结构——集群内的竞争者——作为补充，二者此消彼长（例如，Maskell，2001等）。另一方面，近期组织管理学者从知识交换的视角探究了产业集群内影响产业集群创新能力的若干因素（例如，Arikan，2009等），其背后暗含的是典型的“其他条件不变，集群中某项特征升高则集群知识创造能力增强”。显然，这种基于典型的比较静态分析范式可以解释产业集群内部的知识创新方式，但并不能解释产业集群在发展过程中的知识动态性，从而对产业集群演进过程背后的内在机制缺乏理解。

基于这种现状，产业集群学者在近期不约而同地呼吁从知识基础观视角对集群演进机制——发展过程背后的一般规律（谭劲松、何铮，2007）进行理论探索。但整体来看，这类研究还没有真正起步（McCann and Folta，2008）。

第三，与理论界对知识视角下产业集群演进机制研究的整体匮乏相对应的是，仅有的相关研究存在明显缺陷。谭劲松和何铮（2007）以及McCann和Folta（2008）对产业集群文献进行了系统回顾，他们不约而同地认为Pouder和St. John（1996）的理论分析是当前为数不多的探索产业集群演进机制的代表。在2006年，谭劲松以中关村为案例对该理论提供了一个描述和验证（Tan，2006），推进了这个理论的发展。

然而，Pouder和St. John（1996）的经典理论认为产业集群作为组织场域会因为在长期的制度同构化（DiMaggio and Powell，1983）后，会因为知识趋同而最终走向死亡，这一结论至少与我们上述中国情境下的产业集群所表现出来的发展路径不完全一致。从现象和理论的匹配角度上看，产业集群在发展过程中所表现出来的丰富的、带有重生性质的波动过程，超出了这个经典理论的解释范畴。这一点主要是Pouder和St. John（1996）的理论过分强调制度同构化作用所致。现有理论的解释力不足，成为我们进行理论创新的出发点（谭劲松、何铮，2007）。

第四，上述理论局限是可以解决的。其一，为了探究知识视角下的产业集群演进内在机理，学者不仅要从成本和资源视角向知识基础观视角转变，而且要从静态分析范式向基于过程方法论（Van de ven and Poole，2005）的动态分析范式转变。因此本书在对产业集群形成、成长、发展深度理解的基础上，抽象出知识视角下集群知识创造和竞争力变动的过程模型。其二，Pouder和St. John （1996）的思想表明，产业集群制度同构化导致利用式学习过度发展，最终导致集群内部的知识创造停止。如上所述，这一论断并不能完全解释现实中复杂的产业集群波动规律，应该从更全面的视角看待产业集群制度变化的过程：一方面要看到产业集群发展中的制度同构化过程，另一方面要看到其中的制度创业过程。因此，本书将与制度同构化对应的制度创业（Seo and Creed，2002；Greenwood and Suddaby，2006）文献纳入到产业集群演进机制的分析框架中，以此完善和发展现有理论。其三，与上述逻辑类似，在探究产业集群学习行为时也应该采用更为全面的观点：一方面，在产业集群发展过程中有利用式学习行为，另一方面也会产生探索式学习行为。因此，从知识视角研究产业集群演进一般规律，有必要将组织学习理论（March，1991；Levitt and March，1988）中的两类学习方式及其相关概念作为理论创新的必要工具。其四，本书在中国情境下考察产业集群的演进历程，应该对中国社会和经济体制转型有所理解，进而认识产业集群发展的情境。因此，本书以有关中国转型社会的相关研究成果（例如，Nee and Opper，2012）为本书的背景和情境知识，在开放和转型动态背景下发展产业集群演进的动态理论。

综上所述，中国产业集群现象明显而重要，在知识经济时代的转型和变革是再次提升集群竞争力和促进经济发展的关键，这要求学者对知识视角下的产业集群演进规律进行充分理解。然而，现有相关文献整体匮乏，仅有的经典理论解释力不足，需要进一步将制度同构化和制度创业观点与组织学习理论进行整合，并将有关中国转型经济的研究成果作为背景知识，发展出知识视角下的产业集群演进机制的动态理论。

为此本书提出如下研究问题：从知识视角出发，产业集群演进过程背后的内在机制是什么？集群的制度变化过程和组织学习行为如何共同决定产业集群演进路径的一般规律？

1.2 研究方法与技术路线

从上述分析可以看出，本书的核心目的是从知识视角探究产业集群演进的内在机制和规律，进行理论建构（theory building），这是过程观（process approach）动态分析方法。本书的整体研究方法和技术路线由三部分构成：文献评析、案例研究和理论构建。首先，从逻辑上对已有相关文献进行分析，找到已有知识视角下产业集群研究的缺陷、阐述可能做出理论贡献的途径、明确理论创新的工具和概念；其次，采用一个纵向深度的定性案例研究，回答本书有关过程（how）和机制（why）理论问题（Yin，2003）；最后，在案例研究的基础上抽象和发展出知识视角产业集群演进机制的动态理论模型，并提出一系列理论命题。

1.文献评析

作者依托图书馆图书资料和电子资料资源，在国内外权威数据库中对产业集群理论、制度理论、组织学习理论和中国转型市场理论等文献进行系统搜索和阅读。针对本书的主题和问题，首先构建了一个产业集群研究的分类法模型，在已有文献中明确本书的定位，从而明确本书的主要贡献领域。其次，明确贡献领域后，系统回顾、分析、比较该领域内的最新研究成果。我们发现，将制度理论、组织学习理论和转型市场理论作为工具理论，采用整合性理论建构方式是对已有知识视角下的产业集群演进研究创新的有效途径。最后，本书分别系统评价、分析和阐述了各个工具理论的核心观点、概念内涵和应用方法，为下一步进行实证研究做出了必要准备。

2.案例研究

从研究问题出发，本书采用了一个深度纵向的定性案例研究设计，作为实证部分的主体。本书的核心目的是建构理论而非验证理论，因此采用案例研究是相对更合适的（Eisenhardt and Graebner，2007）。另一方面，本书的研究问题是有关过程和机制的探索，而深度纵向案例研究设计更适合组织复杂变化过程的解析（Yin，2003）。本书所选择的案例集群是一个江苏省典型的制造业乡镇产业集群，拥有超过40年的发展历程，能够满足本书回答研究问题的需要。除此之外，作者采用了扎根式调研方法（Strauss and Glaser，1967）进行数据收集工作，保证实证研究的可行性。本书第3章详细阐述了案例的情境特征和适用性、数据收集过程和分析过程。在此基础上，本书第4章细致描述了该产业集群的成长轨迹，深入阐释、分析和说明了产业集群竞争力波动的原因。

3.理论建构

在案例研究的基础上，本书构建和发展出产业集群演进机制的动态理论，并与已有相关文献进行对话和讨论。首先，遵循定性研究的规范和标准（Miles and Huberman，1994），对案例产业集群的演进从理论上进行解释性分析。在此基础上，从案例解释中进一步抽象出知识视角下产业集群发展的一般规律，得到产业集群演进的动态理论及相应命题，作为本书的创新性理论和基本结论。最后，综合应用逻辑思辨、比较分析等方法，将本书结论与已有相关文献对话，提炼本书的贡献和启示。本书整体的技术路线如图1-1所示。

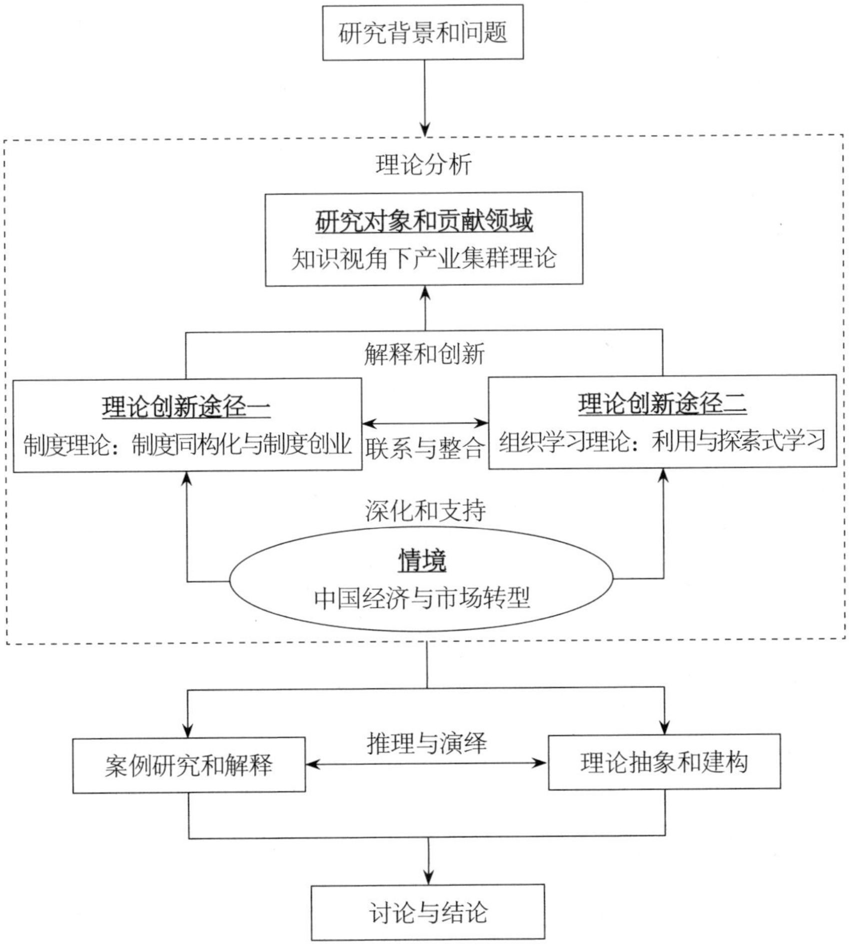

图1-1 本书技术路线图

1.3 研究意义和贡献

本书从中国改革开放以来的市场转型现实出发，以中国典型的乡镇企业集聚为研究对象，整合制度理论和组织学习理论，构建基于知识视角的产业集群演进的动态过程理论。对解释和预测产业集群成长路径和深化知识视角下的产业集群文献均有理论和实践意义。

第一，本书构建知识视角下产业集群演进的动态过程理论，理清了产业集群成长和发展背后动力的一般作用机理，为解释和预测产业集群的成长轨迹提供了一个新视角。已有理论仅从单一视角理解集群现象，并不能有效解释集群竞争优势的差异及作用机制，进而无法指导地方政府管理实践。因此本书构建动态视角下的集群演进理论，探究集群成长背后的影响因素和作用机制，完善并超越现有单一理论视角下对此问题的理解，进而为地方政府、相关产业部门和企业提供系统性的理论指导。中国自改革开放以来形成了众多形态各异的产业集聚地，在东南沿海地区表现尤为明显，已经成为经济发展的重要引擎。在知识经济时代，如何进一步提高产业集群升级和创新能力，对中国经济持续高速发展意义重大。因此，本书构建基于知识视角的产业集群演进动态的过程理论，不仅可以解释当前产业集群发展差异背后的机理，也对预测其未来的发展方向及政策干预提供了理论指导。

第二，本书对产业集群的管理实践有所启示。经历了中国改革开放四十余年的洗礼，乡镇产业集群已经成为我国经济的重要组成部分，为本书提供了得天独厚的情境。从一百多年前的马歇尔到当代的波特再到近期的战略管理学派，已有的产业集群理论大多基于西方社会发展而来，因此在解释中国特有的转型经济现象时存在不适用的风险。因此，本书的创新性就表现为扎根于中国现实，以中国独有的乡镇产业集群为研究对象，考察转型体制过程中集群演进背后的动力及其作用机制，发展出具有中国情境特色的集群理论。其一，为优化政府集群管理并为政策提供理论指导。从知识视角理清集群成长背后的动力机制，有助于产业集群所在的地方政府及时出台相应政策从而鼓励集群结构调整、创新思维转变、提高产业集群治理效率，实现产业集群转型。其二，本书对帮助企业确定战略和进行行为调整有指导意义。本质上，构成产业集群的主体是企业，产业集群竞争优势实际上是企业群体的整体竞争优势的表现。本书从知识视角理清集群长期竞争优势的影响因素及作用机制，本质上是理清了产业集群内部企业群体在长期内的行为倾向和对创新能力的影响过程，因此有利于帮助企业决策者判断和预测集群成长路径，进而保持企业学习行为和变革的灵活性，帮助企业获取并保持长期竞争优势。

第三，在理论层面，本书构建知识视角下的产业集群演进过程的动态理论，是对已有知识视角下产业集群理论过分偏重静态分析（Maskell，2001；Arikan，2009）的有益补充和发展。传统的经济地理学和组织理论的静态分析范式，虽然能够理清产业集群中企业创新知识的具体方法，但并不能回答产业集群演进过程中知识变化的内在机理，进而不能解释和预测产业集群在长期发展过程中所表现出来的行为差异和绩效差别。例如，经济地理学者在讨论知识创新方式时主要采用了静态分析方式，这也成为他们的研究局限和对未来研究的展望。战略管理学者虽然关注集群的绩效，但苦于数据难以获得，大多数研究还停留在理论层面或是基于横截面数据的研究设计阶段。因此，在对集群文献的系统回顾和反思中（例如，谭劲松、何铮，2007；McCann and Folta，2008 等），学者们不约而同地阐述了发展和创新有关知识视角下集群演进机制理论的必要性，并将此作为学者对产业集群现象进一步研究的重要发展方向。因此，本书从知识视角出发，采用纵向定性案例研究设计构建知识视角下的产业集群演进过程的动态理论，把时间和变革因素纳入到集群研究中，保证了对集群发展历程的考察，打开集群演进过程的“黑箱”，响应了学者上述的研究号召，填补了相关文献（例如，Pouder and St. John，1996）的空白。

第四，本书深化了组织制度理论有关制度同构化与制度创业过程是连续辩证关系的观点（Seo and Creed，2002）。虽然制度理论已经成为学者理解组织场域变革的重要理论（DiMaggio and Powell，1983），但对于组织场域在长期的制度同构化过程和制度创业过程的内在联系缺乏实证研究。本书将产业集群作为典型的组织场域，通过实证研究考察集群作为整体的制度同构化和制度创业过程的内在联系，不仅为关于制度同构化的为数不多的实证研究（Souitaris，Zerbinati and Liu，2012）提供了新的证据，而且也开创性地证实了制度创业和制度同构化过程在长期发展中会彼此转化的辩证观点。

第五，本书拓展了已有组织学习理论的应用层面，深化了组织二元性文献的有关论断。组织学习理论自提出以来多以单个企业或其内部工作团队为分析对象，虽然学者开始提出要扩展研究层面的号召（O' Reilly and Tushman，2013），但还没有相关文献。为了探究集群发展过程背后的知识变化规律，本书需要创造性地将集群视为一个开放性学习系统，从产业集群层面界定利用式和探索式等两类学习方式以及由此产生的集群学习行为的二元性概念。通过纵向历史观察和实证研究，本书对集群层面组织学习行为的时间二元性（O' Reilly and Tushman，2013）发生过程和内在机理提供了新的依据。

第六，本书将产业集群视为典型的组织场域，并从知识视角探究产业集群演进过程和机制，将制度理论和组织学习理论的相关观点联系在一起，意义在于对组织理论中这两个重要的研究领域进行系统性整合。最近，Greenwood 等（2008）在对组织理论的评述和反思中认为，学者应该将组织和组织场域的演变过程中的制度和技术方面区分开，而一个有效的方法是将制度理论与组织学习理论联系起来，然而，这种理论整合式研究还“有待展开”（Greenwood et al.，2008）。因此，本书的工作不仅仅表现为对知识视角下的产业集群理论有贡献，而且对于整合制度理论和组织学习理论，理清二者的内部关联具有重要意义。

除此之外，在考察中国情境下的产业集群演进规律时，本书将有关中国市场转型理论的社会学研究成果作为背景知识（例如，Boisot and Child，1996；Nee and Opper，2012），这不仅是本书创新理论的必要，同时也为社会学家的研究成果提供了一个微观层面的解释。

1.4 本书内容结构

本书共分为六个章节，各章节内容安排具体如下：

第1章，绪论。本章首先介绍研究选题的背景，分别论述了集群现象的重要性和理论发展的必要性，进而提出本书的研究问题。在此基础上，进一步介绍研究设计、思路和技术路线。最后，总结本书的理论价值和现实意义并概述全书内容。

第2章，理论分析。基于发展理论需要，本章对已有相关文献进行系统分析而非简单罗列，具体分为以下几个逻辑关联的环节。首先，本书把研究定位于庞大的产业集群文献成果中，阐述本书的具体贡献领域。为此，本书首先构建一个由理论视角和研究方法论等两个维度所构成的分类法，进而确定本书的贡献领域，即基于过程观的知识观的集群理论。其次，对该领域的已有理论进行分析发现，知识观下的集群演进机制研究刚刚起步，因此必然要将静态视角下的相关研究结论纳入到分析框架中。基于此，本书提出了将制度理论视角和组织学习理论视角作为基本分析工具，以中国市场转型相关社会学研究成果作为背景知识，是发展基于过程观的知识观的集群理论的有效途径。再次，与Plowman等（2007）学者的经典文献做法类似，本书进一步分析制度理论、组织学习理论、市场转型理论的核心观点并澄清基本概念。在此基础上，重点分析了各理论与本书的内在逻辑关系和应用途径。最后，对文献评析进行了小结，自然过渡到研究方法一章。

第3章，研究方法。本书的核心目的是从知识基础观视角构建有关产业集群演进动态的过程理论，进而解释产业集群在长期成长和发展历程中的竞争力所表现出来的差异。因此，本书采用一个深度定性案例研究设计满足上述的研究目的。本章首先介绍了研究案例的情境特征、演进过程概况和关键事件。其次，从方法论角度，对研究案例的必要性和适用性进行了充分的分析和论述。结果发现，本书的整体设计对回答研究问题是合适的。最后，本章详细报告了对案例的数据收集和实证分析过程。与经典文献和教材的比对结果表明，本书的数据处理过程是符合定性研究数据分析规范的。与此同时，在本章和附录中也分别详细报告了相关数据分析的结果。

第4章，案例研究。本章是全文的核心内容之一，符合案例研究方法具备描述功能的必要条件。本章首先将定性数据分析的结果以表格方式报告，分析表明，本书案例能够提供充分的数据以发展相关理论。其次，与Dutton和Dukerich （1991）的经典报告方式一致，本章将数据分析结果中有关案例产业集群的演进历程分别从情境特征、关键事件、组织模式特征和竞争力等几个方面构建并分析，作为进一步理论抽象的基础。

第5章，产业集群演进机制：一个动态过程模型。本章是全文的核心内容之一，符合案例研究方法具备解释功能的必要条件。在案例研究的基础上，本章首先对观察到的案例集群发展历程进行解释，并将数据分析的结果以表格方式报告，是本书形成有关产业集群演进机制的一般过程模型的必要基础。其次，本书进一步进行理论抽象，并最终发展出由“制度同构化与利用式学习”“制度矛盾”“制度创业与探索式学习”等三个基本循环阶段所构成的知识视角下产业集群演进动态的过程模型，是本书的核心结论。最后，在本章末对此新模型进行简单解释和评价，并过渡到讨论与结论一章。

第6章，讨论与结论。本章首先从整体上总结和概括全书的发现和结论。在此基础上，本书将研究结果与已有知识视角下的产业集群文献、制度理论文献、组织学习理论文献和市场转型理论文献等分别对话和讨论，分析本书结论具体的理论贡献和启示。除此之外，本书分别从产业集群地方政府、行业协会和集群企业自身视角，提炼和总结本书研究结论对管理实践的启示。最后，本书总结了研究中的不足和未来可能的研究方向。

第 2 章

理论分析

本书的核心目的是在中国情境下发展有关知识视角的产业集群演进理论。为此，本书首先构建一个对已有产业集群研究成果的分类法，进而明确定位本书的贡献领域。在此基础上，本书具体阐述实现理论创新和贡献的途径。分析表明，将制度理论与组织学习理论整合并作为产业集群演进机制的解释工具，结合市场转型相关研究成果作为本书的背景知识，是对知识视角下的产业集群演进研究创新的有效途径。进而，与Plowman等学者（2007）经典文献做法类似，本书分别系统评价、分析和阐述了各工具理论的核心观点、概念内涵和在本书中的应用途径及其内在逻辑，并对理论分析部分进行小结。本书理论分析的内在逻辑关系如图2-1所示。

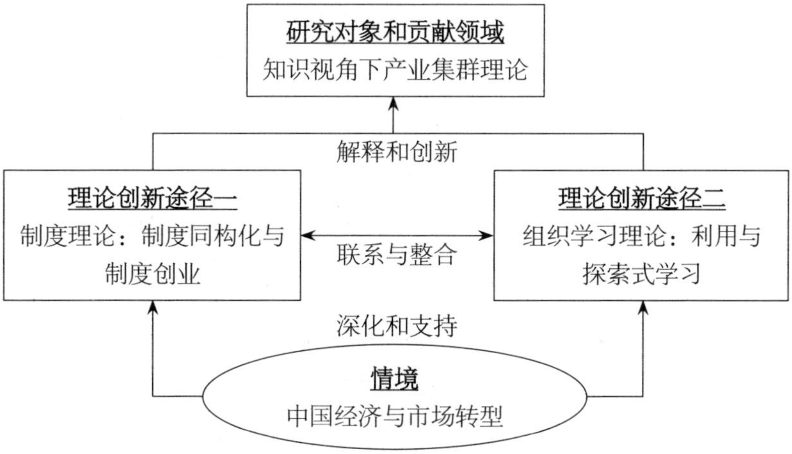

图2-1　本书理论分析的内在逻辑关系

2.1　产业集群文献

2.1.1　研究定位：贡献什么领域

本书旨在探究产业集群知识变动的复杂动态规律，构建集群演进动态的过程理论。从对象上看，本书贡献于产业集群现象的研究领域。本小节对已有关于产业集群的研究进行分类，并将本书定位于庞大的产业集群理论体系中，为进一步评述知识基础观的产业集群研究做必要准备。

对产业组织在一定地理范围内集聚现象的关注，可以追溯到Marshall（1890/1920）时期有关产业区的论述，而在不同学科内的用词方式也不尽相同，包括产业区（industrial district）、产业集聚（industrial agglomeration）、地理集群（geographical cluster）、产业集群（industrial cluster）等等。同样，对于产业集群的构成主体——来自多个产业还是同一个产业的组织——学科间也有不同看法，导致理解产业集群的观点也存在差异。本书采用组织与战略研究领域内的用词规范（McCann and Folta，2008），将产业集群定义为“地理位置上相近的、在某一特定领域、具有共同性或互补性的一群相关企业和组织等组成的群体”（Porter，2000）。因此，本书主要研究在同一个产业中的企业在一定地理范围内的集聚现象。经过一个世纪的发展，有关产业集群的研究已经成为包括经济学、社会学、管理学等在内的诸多学科公认的热点问题，研究成果汗牛充栋。虽然已有文献对集群现象的不同分支领域分别进行过评述（例如，McCann and Folta，2008；Rocha，2004；Malmberg and Power，2005；谭劲松、何铮，2007等），本书仍然将现有集群研究的代表性观点进行分类。需要澄清的是，本书这个分类并不是，也不可能穷尽所有产业集群的研究成果，其目的是将本书理论贡献明确定位于已有研究体系中。具体地，本书用两个维度——研究视角和研究取向——将集群文献划分为四种类型（见图2-2），并简略分析各类研究成果的核心研究问题、学科背景、理论基础和代表性文献等。

	方法论取向	
理论视角	变异取向	过程取向
资源、成本等非知识视角	象限I ➢核心问题：产业集群为什么存在和持续？产业集群在什么地方产生？ ➢学科背景：区域经济学；经济地理学 ➢理论基础：经济区位理论；经济外部性理论；社会网络理论 ➢代表文献：Marshall，（1920）；Weber（1909/1928）；Hoover（1937）；Krugman（1991）；Goldstein 和 Gronberg（1984）；Scott（1988）；Storper（1997）	象限II ➢核心问题：产业集群生命周期分为几个阶段？产业集群各发展阶段的驱动力是什么？ ➢学科背景：区域经济学；经济地理学 ➢理论基础：产业生命周期理论；组织生态理论；社会网络理论 ➢代表文献：VanDijik（1997）；Porter（1998）；Swann（1998）；Capello（1998）；Rauch（1993）；Wilson 和 Singleton（2003）
企业知识基础观视角	象限III ➢核心问题：产业集群如何促进内部企业创造知识进而获得竞争优势？从知识视角看，产业集群为什么存在？ ➢学科背景：新经济地理学；战略管理学 ➢理论基础：企业知识基础理论；组织学习理论；社会网络理论 ➢代表文献：Saxenian（1994）；Maskell（2001）；Porter（2000）；Tallmanetal（2004）；Arikan（2009）；Whittingtonetal（2009）	象限IV ➢核心问题：从知识视角看，产业集群演进的内在机制是什么？产业集群知识的波动规律及原因是什么？ ➢学科背景：战略管理学；组织社会学 ➢理论基础：企业知识基础理论；新组织制度理论；组织生态理论；社会网络理论 ➢代表文献：Pouder 和 St. John（1996）；Tan（2006）；Häussler 和 Zademach（2007）；Maskell 和 Malmberg（2007）

图2-2 产业集群文献分类

第一个维度是有关产业集群研究的理论视角，即“用什么理论视角看待产业集聚的现象”，是解释集群现象的理论工具。第二个维度是有关集群理论构建时的方法论取向，即“如何看待产业集群现象”，是解释集群现象时运用理论工具的方法。

从理论视角看，产业集群研究起始于早期经济学家、经济地理学家对特定区域自然资源禀赋、成本节约、外部经济性作用的思考（例如，Marshall，1980/1920；Krugman，1991等）。经济学家认为：产业中存在集聚现象是因为其所在的特定区域中有该产业生存、发展所必需的自然资源（Marshall，1920）。企业“扎堆”是为了更好地利用范围经济效应所带来的低劳动力成本、运输成本和其他获取重要资源的成本，进而有效抵御产业外部经济环境的变动（Montgomery，1994）。这种集聚效应给企业带来的成本优势，促使企业在选址时倾向于集中在某一特定的地理区域内，产生了集群现象。

然而，随着知识经济时代的来临，理论界对产业集群中企业创新行为的关注日益增加（Arikan，2009）。尤其伴随着企业知识基础观（knowledge-based view）在组织管理研究中盛行，用以解释集群现象的理论视角也从资源禀赋等视角转变为企业知识观视角（例如，Maskell，2001；Tallman et al.，2004）。这一视角的研究主张将产业集群视为介于产业和企业中间的实体，其成长和竞争优势则取决于集群中相关知识的存量。从知识视角研究集群主要来源于两大学科：经济地理学和组织与战略管理学。虽然两个学科观点有一定的联系，但各有侧重：前者沿袭了经济学传统，侧重以比较静态分析范式从集群层面上讨论集群的知识创新途径问题；后者更侧重从企业层面讨论集群企业和/或集群整体的创新水平、竞争优势等问题（McCann and Folta，2008）。从集群文献的历史转变过程可以发现，产业集群理论从早期资源禀赋和成本节约等非企业知识观视角，转向了近期的企业知识观视角。这一转变不仅源于研究集群现象的学科从经济学转向经济地理学和组织管理学等多个学科，也体现了知识经济时代的特征。

从方法论角度看，Mohr（1982），Poole，Van de ven，Dooley，Holmes（2000）和Van de ven，Poole（2005）等学者从认识论层面区分了两类解释组织现象的研究取向：变异取向（variance method）

和过程取向（process method）。采用变异研究取向的理论构建将组织中特定的变化抽象成一系列的因变量，并认为这些变化和差异是由另一些现象（自变量）的变化所引起的（Mohr，1982）。因此，其理论的焦点是关注自变量与因变量间的直接关系，用以解释“什么因素（what）、在什么条件下（condition）导致了特定组织现象的变化”（Van de ven and Poole，2005）。因为方法论是一类研究方法的总称，所以在具体研究中，采用变异取向的文献通常采用实验、问卷方法、二手数据等一系列基于方差分解和线性模型的具体研究设计。从现有文献来看，采用这种方法论取向不仅在集群理论的研究中，而且在组织管理的研究中占据主导地位（Poole and Van de ven，2004）。相反，采用过程研究取向的理论将组织特定现象的变化视为一系列事件连续相互作用的结果和/或这些事件所组成组织变化的阶段和总体模式（Mohr，1982）。其理论的焦点则是关注组织变化过程中的具体事件以及事件之间的联系和纽带，用以解释“特定组织现象是如何（how）以及为什么（why）会有这些变化”（Van de ven and Poole，2005）。因此，基于过程观理论本身就是强调组织现象的动态特征以及导致这些特征的内在机制。相应地，采用过程观的研究通常运用叙述研究（narrative study）、案例研究（case study）、扎根理论（grounded theory building）等定性研究设计来构建理论。

值得注意的是，虽然变异取向研究在解释组织现象时占据主导地位，但过程取向的研究也是学者理解组织的重要视角，如Poole等学者（2000）所言：

“虽然变异取向方法为解释变量间的关系提供了一个很好的方式，但这种方法在概念化组织发展过程方面有较大局限性，因为它忽略了组织在发展和变化过程中很多关键和有趣的事件。然而，很多组织学者都是受到了以变异方法论为基础的培训，加之过程取向的研究方法论本身发展也不完善，导致了学者倾向于用变异取向的研究方法回答一个过程导向的研究问题。这里人们可以看到一种做研究的‘铁锤效应’：如果给一个小孩子一把锤子，那么在他眼里，任何东西都可以用锤子来敲敲；同样，如果给一个学者几个变量和线性回归模型方程，那么似乎所有的组织现象都可以被抽象成因子、回归分析和数据拟合。”

可见，以Van de ven和Poole为代表的学者在号召过程研究取向时暗含批评并提醒已有的组织研究可能存在研究问题与方法论不匹配的危险。他们并非将变异取向研究与过程取向研究对立起来，而是认为两种方法论各自有其所适合回答的研究问题，因此两种方法论取向对于构建组织理论体系来说是互补的。

图2-2给出了本书对现有产业集群研究的分类，它们在采用知识基础观视角还是采用资源/成本等非知识基础观视角，以及采用变异取向还是采用过程取向等两个维度上有所差异。其中，第IV象限——基于企业知识视角和过程方法论取向的研究在整个集群研究领域内刚刚起步（McCann and Folta，2008；谭劲松、何铮，2007），是本书贡献的领域。

第一象限：基于资源/成本等非知识观视角的变异取向研究。对产业集群现象的理解主要来自早期的经济学家和经济地理学，他们用一定地区范围的外部资源禀赋（如特定自然资源、劳动力资源等）、企业集聚后的成本节约和/或区域内企业的外部经济性效应，解释产业中为什么会出现企业集群的现象以及这种现象会在何处出现等核心问题。

这类研究有两个基本结论：第一，“因为特定区域外部有产业生存的必要自然资源，所以该地区形成产业集群”。例如，Marshall（1890/1920）的经典理论强调了在产业特定区域外部的物理性条件对形成产业集群的作用：北美铁矿石产业集中在五大湖地区是因为该地区有丰富的钢铁和煤炭资源；法国、意大利和澳大利亚的红酒产业集群存在则是因为这些地区的土壤和气候能够培育出顶级的葡萄作为生产原材料。第二，“因为企业集聚到一起能够给彼此带来益处——成本节约和规模经济效应，所以产业中出现产业集群”。例如，Hoover（1937）在解释美国的鞋业集群存在原因时，突出了特定区域内的运输成本优势。类似地，Weber（1909/1928）从企业选址角度认为，运输成本和劳动力成本是解释产业集群现象的关键。Krugman（1991）从特定地区的共用劳动力市场——节约劳动力成本、产品需求特征、运输成本和范围经济性等综合视角，解释集群最有可能出现的区域特征。Patton和Kenney（2005）对美国半导体产业集群的研究认为，其是在特定区域逐步发展起来的、对新创企业具有支持性的社会网络，新企业可以获取资本等群体支持，这是一种独特的区域性资源。Canina，Enz和Harrison（2005）对整个美国旅馆行业的研究发现，以需求为基础的低技术含量产业集群为其成员企业带来了独有的客户资源，其机制是通过集聚效应明显减少客户的搜寻成本。Montgomery（1994）认为，企业集聚在一起是为了获得组合效应，从而更有效地抵御外部经济环境的变动，这一观点尤其适用于解释来自不同产业的企业集聚现象。

可见，在第一象限内的产业集群文献大多隶属于经济学研究范畴，采用宏观视角看待产业中的企业集聚现象，最终用于解释特定区域内经济发展和繁荣的原因（可参见Fujita，Krugman and Venables，1999；Fujita and Thisse，2002的文献评述）。

第二象限：基于资源/成本等非知识观视角的过程取向研究。如前所述，基于变异研究取向的认识论本质上是比较静态分析的范式：“其他条件不变，自变量每变动一个单位，因变量变动多少”，而过程取向研究则关注组织复杂变化的内容本身。因此，在第二象限内的集群研究，从资源和成本特征等视角解释产业集群成长和发展的过程本身，主要采用阶段法和社会网络分析法，探究产业集群的生命周期、集群各发展阶段的动力来源、社会网络结构变化特征等问题（可参见谭劲松、何铮，2007的文献评述），多见于区域经济学、经济地理学、社会学等研究领域。

Swann（1998）以高新技术产业集群为例，提出集群发展经历了形成、持续增长、转型、衰退、消亡等不同阶段。类似地，通过对英国曼彻斯特地区的研究，Wilson和Singleton（2003）将集群发展划分为准备期、成长期、高峰期和饱和期等四个阶段。Capello（1999）则通过对意大利三个产业集群的实证研究，提出集群发展本质上是一个产业逐步升级的过程：地理相近（geographical proximity）、专业化产品区（speciatised area）、工业区（industrial district）、集体学习区（milieu characterised by the presence of collective learning）、创新区（milieu innovateur），而集群发展在一定条件下可能会出现停滞甚至倒退的现象。进一步，朱小斌和林庆（2008）以中国浙江省绍兴地区的纺织行业集群的研究不仅区分了集群发展过程所经历的形成、成长、成熟和升级等不同阶段，而且认为在不同发展阶段，推动集群发展的动力来源分别在政府作用、区域资源、外部规模经济和范围经济等方面的依赖程度有所变化。类似的，Baum和Mezias（1992）以及Baum和Haveman（1997）运用组织生态学中的密度依赖理论，对美国曼哈顿地区旅馆产业集群的系列研究发现：随着集聚密度增加，产业集群中的企业对地方性资源的竞争不断加剧，导致企业失败率升高进而延缓集群成长和发展。这一观点实质上是通过区域资源共享、争夺等逻辑考察集群发展过程中不同阶段的特征。采用数学建模方法，Rauch（1993）认为在区域发展过程中，土地的差别定价是决定产业集群能否克服惰性从而进行重新选址（relocation）的关键。从资源和成本的视角出发，我国学者多聚焦于宏观制度环境变迁给产业集群发展、企业战略选择等现象带来的影响（例如，杨帅、温铁军，2010；金太军、汪波，2003；高春亮、毛丰付、余晖，2009；谭伟强、彭维刚、孙黎，2008；邓宏图、康伟，2006；丘海雄、徐建牛，2004等），较少关注产业集群自身制度变革的微观机制和过程。

另外，从社会网络分析方法出发，学者也探讨了随着时间推移，集群中企业社会关系的变化以及由此所带来的对企业绩效的影响，被国内学者称为产业集群的“网络演化问题”（例如，符正平、曾素英，2008；吴结兵、徐梦周，2008；吴结兵、郭斌，2010等）。实质上，这类研究仍然侧重于从资源和成本视角解释集群的成长过程。例如，Staber（2001）通过对德国针织品集群的实证研究发现，当集群企业的群体关系由合作转变为竞争时，产业集群整体开始进入衰落阶段，而与其他产业的地理相近性可以减缓这种效应。这一结论也与Jacobs（1969）在区域经济学中有关外部经济性的经典论断是“内在一致的（Staber，2001）”。Sorenson（2005）则从社会网络理论出发，回答“为什么一些产业集群网络在发展过程中一直保持高密度集聚，而另一些集群则越来越分散”。Sorenson（2005）认为，产业集群之所以在特定地理位置保持长期集聚，是源于群体发展出来的独特社会网络关系保证其中企业识别有效创业信息、机会等资源，从而保证了这种网络关系嵌入于特定的地理范围，保持企业长期在该地区内积聚。

可见，以过程观探究产业集群现象的研究，主要的理论基础是产业生命周期和社会网络结构：随着产业不断成长，集群会经历不同的发展阶段，而产业集群中的资源特征、社会网络特征（例如中心性程度）也随时间推移发生转变。因此，第二象限的研究侧重于对产业集群发展过程的事实描述和归类（回答“集群发展有哪些阶段”和“如何发生”的问题），而非解释导致产业集群演进路径差异的机制（回答“产业集群发展为什么会有这些阶段”和“发展过程中路径变化的原因”等问题），而后者则多集中于从微观层面——企业知识视角讨论集群演进过程中的客观规律（谭劲松、何铮，2007），隶属于第四象限的研究内容。

随着知识经济时代的到来，用于解释集群现象的理论视角发生明显转变：从资源和成本等非知识观视角的集群理论转变为“基于知识观的集群理论”（knowledge-based theory of clusters，Arikan，2009），从关注产业集群给成员企业带来的成本优势转向关注产业集群为成员企业带来的知识创新益处（Porter，1990，2000；Tallman et al.，2004；Maskell and Malmberg，1999）。从研究取向上看，基于知识观的集群理论可以进一步划分为变异取向的知识集群理论和过程取向的知识集群理论，前者主要回答“从知识视角看，产业集群为什么存在”和“集聚能给企业和集群整体带来哪些方面的知识以及如何增加知识”等问题（第三象限），后者主要回答“从知识视角看，产业集群演进的内在机制是什么”和“产业集群知识的变动规律是什么”等问题（第四象限）。

第三象限：基于知识观视角的变异取向研究。与第一象限的集群理论类似，基于知识视角的变异取向集群理论也尝试回答“集群为什么存在”的问题，但理论视角聚焦于企业集聚后能为企业所带来创新方面的益处。以Porter（2000）和Maskell（2001）等为代表的学者在对传统集群理论反思时提出疑问：在信息技术和全球化经济高速发展的当代社会，产业集群已经逐渐不能因为给企业节约成本而带来竞争优势，那么，为什么产业集群还能在全球范围内存在和快速发展呢？

知识基础观的集群理论给出的基本答案是：集群之所以存在和发展，并不是因为集群成员企业相对于非集群企业存在成本和资源禀赋方面的优势，而在于企业集聚后能够产生充足的学习机会进而创造特定产业的相关知识，进而为企业和集群带来竞争优势。

作为新经济地理学家，Maskell和Malmberg等学者沿用经济学传统中的比较静态分析范式，从经济结构角度构建知识视角下的集群理论（Maskell and Malmberg，1999；Malmberg and Maskell，2002；Maskell，2001；Bathelt，Malmberg and Maskell，2004；Malmberg and Power，2005；Malmberg and Maskell，2006；Maskell and Malmberg，2007）。Maskell（2001）根据集群企业不同关系将集群经济结构定义为两类：一类是生产相似产品或从事相似活动的、彼此互为竞争对手的企业，称为集群横向结构（cluster horizontal dimension）；另一类是生产互补性产品或从事互补性活动的企业，彼此为生产资料和/或产品流通的互补性合作伙伴，称为集群纵向结构（cluster vertical dimension）。Maskell等学者认为，集群横向结构中的企业决策者因为心智模式不同，会在生产同一类产品的外观、功能和销售方式等方面存在认知上的差异。企业集聚在特定地区内，有助于横向结构中的企业彼此密切关注并模仿竞争对手：一旦竞争对手创新了新产品，其他竞争对手会迅速模仿并给已有产品增加一些变化，从而提高企业自身产品的知识含量，以此对集群整体知识产生创新。这种基于横向结构的“模仿-改进”式知识增加方法，是集群的中、小企业获取集群知识的重要来源。集群纵向结构中的互补性企业是对产品生产环节进行逐步分解并专注于某一环节，通过精细化生产发现以往在生产活动中不被发现的细节性问题并提出改进方法，增加集群知识整体存量。经济地理学者用认知距离（cognitive distance）一词表示集群整体知识的异质性，并且认为，通过产业链上的劳动分工和随后的企业间整合，集群可以促进提高纵向结构中互补性企业的创新水平。

除此之外，新经济地理学家还讨论了地方性非正式信息沟通渠道对知识交换和吸收的影响（Malmberg and Power，2005；Lawson and Lorenz，1999；Storper and Venables，2004）。集群地理相近性和地方创业者的密切关系不仅能够促进个体企业知识在小范围内迅速扩散，而且会促进企业间的信任、知识分享动机进而提高集群企业对知识的吸收（Storper and Venables，2004）。在Storper和Venables（2004）的研究基础上，Malmberg和Maskell（2006）认为，集群企业除了基于纵、横维度的学习外，集聚地区域内的非正式社会性维度（social dimension）对企业学习具有明显促进作用。Malmberg和Power（2005）持有同样观点。虽然用词不同，但与Storper和Maskell等学者的观点具有内在一致性：集群非正式信息沟通渠道以及由此发展出来社会规范，有助于更有效地促进集群企业学习和知识增加。这一点也成为解释即使在信息技术高速发展的当代社会，地方性产业集群仍然存在的重要原因。可见，从知识视角出发，新经济地理学的研究主要回答“产业集群为什么会存在”的问题。

以Porter（2000）和Tallman等（2004）为代表的战略管理学者主要回答“从知识视角看，影响产业集群竞争力和绩效差异的因素是什么”和“集群如何帮助企业创造新知识”等问题。

对于第一个问题，Tallman等（2004）借鉴产品设计研究领域内有关知识的概念（Hensderson and Clark，1990），从理论上区分了两类集群知识：组件知识（Component knowledge）和结构知识（Architectural knowledge），并认为后者是集群长期竞争优势的来源。组件知识是指产业集群中企业关于产品特定部分的相关知识，而结构知识是由集群企业经过长期的社会性互动所产生的关于集群内组件知识交流和创新的规则（Tallman，Jenkins，Henry and Pinch，2004），是一类集群专有的、与其历史发展轨迹相关的知识。一般而言，组件知识在特定产业中是可以明确定义和被学习的，而集群的结构知识则由集群历史发展而来，具有高度情境依赖特征，是集群独有、难以被集群以外模仿和学习的。因此，两类集群知识对单个企业和集群的竞争优势影响不同：组件知识只能为企业带来短期竞争优势，因为这种知识会流动、扩散到集群中的其他成员企业内，成为集群公有化知识。相反，企业的结构知识可以保证其更有效地整合并创造新的组件知识，从而使企业获取长期竞争优势。同样的逻辑，集群的组件知识也会逐渐扩散到整个产业中的其他非集群地区，因此只决定该集群的短期竞争优势，而集群长期竞争优势则是由集群独有的结构知识决定：虽然集群内的组件知识流向集群外部并公有化（类似单个企业的组件知识在集群内部扩散一样），但并不是每个非集群企业都能有效地整合、运用这些知识，这取决于其是否能拥有与这种构成性相匹配的结构知识。

可见，Tallman等学者的基本结论是：产业集群中，单个企业的组件知识决定其短期竞争优势，而结构知识决定其长期竞争优势；集群的组件知识决定集群的短期竞争优势，而结构知识决定其长期竞争优势。显然，这样的研究虽然是动态的，但是本质上是在回答有关“什么（what）”的问题，即什么因素决定企业/集群的短期或长期竞争优势，属于变异取向的研究范畴。Bell等（2009）的理论不仅将集群企业交易所依赖的信息/知识区分为隐性（information tacitness）和专用投资（transaction-specific investments）两类，而且认为集群整合两类知识的机制和方法也各有侧重。如果集群企业间的交易是基于隐性知识交换，则关系导向的协调机制（relational mode）更有效；反之，则基于层级导向的协调机制（hierarchical mode）更有效。集群宏观文化（macroculture）会调节集群内部交易协调机制和知识类型之间的关系：关系导向的集群文化会加强关系型协调机制整合隐性知识的效率，减弱层级型协调机制整合专用性投资的效率；相反，层级导向的集群文化会加强层级型协调机制整合专用性投资的效率，减弱关系型协调机制整合隐性知识的效率。集群整体的宏观文化导向具有高度路径依赖特征。可见，Bell等（2009）的理论聚焦于集群整体社会情境特征对协调企业间不同交易类型的影响。虽然用词不同，但集群宏观文化（macroculture）的概念内涵实际上是特定集群内部用于协调企业间交易的规则或社会规范，与Tallman等（2004）理论中集群构建性知识内涵是一致的，用于解释集群效率差异的来源。

对于第二个问题，Porter（2000）强调集群内部成员企业之间竞争效应是集群增加知识的动因，而Arikan（2009）的理论则从企业间合作角度解释知识交换过程对集群知识创新能力（cluster knowledge creation capability）的影响机制和条件，从而解释集群创新的效率和绩效差异问题。在Porter（2000）的理论中，产业集群的竞争优势差异来源于其中的成员企业是否能够有效地竞争，进而提高集群整体的创新水平。通过竞争，不仅生产相似产品的企业会明显提高生产率（productivity），而且可以提高地方创业者的创新动机。虽然从长期来看，单个集群成员企业会失去竞争优势，但集群整体的知识会随着竞争的加剧而显著提高。因此，企业间的竞争对集群整体创新和竞争力至关重要。与Porter（2000）的关注点不同，Arikan（2009）关注集群成员企业间的合作以及由此提升的集群整体知识创新能力。Arikan（2009）认为，知识观集群理论默认企业集聚后会自动分享和吸收彼此的知识，而忽略了集群中知识创新的内在机制和条件。不同集群能够为其成员企业增加知识的能力不同：取决于集群企业在多大程度上能够有效地在集群内部分享知识，以及知识分享后企业能否有效地在企业内部进行知识创新。进一步分析表明，Arikan（2009）认为集群能否提供企业间知识分享的机会、企业识别和抓住这些机会的能力以及企业间交换知识的效率等三类因素，共同决定集群的知识创新能力的高低，是企业创造新知识的重要来源。

总之，基于知识观视角的变异取向的集群理论主要来自新经济地理学研究，基本论断是“集群能够为成员企业增加知识，所以才能存在和发展”。近十年，战略管理学者逐渐开始重视从知识视角解释集群现象（Porter，2000），特别探索了影响集群增加其成员企业知识的因素。但遗憾的是，此类研究多数停留在理论层面的静态分析，既缺乏动态分析和动态理论，也缺乏实证研究。

第四象限：基于知识观视角的过程取向研究。

与第三象限不同，基于过程取向的知识基础集群理论主要从集群整体知识变化的规律讨论集群成长过程背后的演进机制问题，因此是动态的、过程导向的和以事件为焦点的。同时，这类研究也与第二象限中基于产业生命周期的集群理论有本质区别：力求从知识视角探究产业集群演进过程中的客观规律，而不是简单划分集群发展的阶段（谭劲松、何铮，2007）。因此，知识基础观的过程取向集群理论开始尝试回答“从知识视角看，产业集群演进过程的内在机制是什么”和“产业集群知识的变动规律是什么”等核心问题。这要求集群理论学者深入考察集群演变过程中复杂的动态过程和内在机制，是所有集群研究中最缺乏并亟待探索的领域之一（McCann and Folta，2008），也是本书的主要贡献所在。

Pouder和St. John（1996）从理论层面讨论了集群演进背后的作用机制问题。他们认为，集群在起始阶段因为企业规模小，所以集聚效应能够给它们带来合法性进而克服新进者负债（liability of newness）的劣势。此时，集群企业通过相互模仿以及差异性心智模式产生集群创新。但随着集群成长，集群企业在长期互动中会发展出制度性压力，使其行为产生制度性趋同（institutional isomorphism），导致产品同质化，进而降低集群整体的创新水平。同时，从长期来看，集群企业决策者的心智模式也因为搜寻范围集中（local search）而趋于一致，进而约束集群创造力的进一步发展。此时，当集群外部市场、技术、社会等因素发生巨变时，相对于同产业中的其他非集群企业，集群就表现出明显的竞争劣势。产业集群的消亡——企业转型、死亡、从原来产业集聚地离开，也必将成为其“最终命运”（Pouder and St. John，1996）。Pouder和St. John （1996）的理论用制度理论和组织学习理论的思想解释集群演进过程背后的机制：早期是合法性保证集群生存，而企业创造知识方式存在差异会增加集群创新水平；而后期制度性趋同压力和地方性搜寻成为了集群创新的障碍，这样，所有集群的最终演进结果都是失去竞争优势并逐渐消亡。由此可见，Pouder和St. John （1996）的理论不仅划分了产业集群发展的不同阶段并描述各个阶段的特征，而且解释了其背后的原因，是侧重回答“为什么”（而不是“什么”或“如何”）的研究，成为了集群演进机制研究的典范（谭劲松、何铮，2007）。但遗憾的是，Pouder和St. John （1996）的理论强调集群发展的动态特征和集群创新的变化规律，具有较高的复杂性。直到十年后，Tan （2006）对中国北京中关村高新技术产业集群的描述性案例研究才首次为Pouder和St. John （1996）的理论提供了一个实证证据。

与战略管理学者一致，Maskell等新经济地理学者也在近期的研究中将重心转向了从知识视角解释集群的演进问题。Maskell和Malmberg （2007）的研究在文末也提出了与Pouder和St. John （1996）理论类似的观点：集群在长期发展出来的、曾经帮助集群获得竞争优势的制度安排，在一定时期后将阻碍集群的成长。但遗憾的是，Maskell和Malmberg （2007）只是从理论上提及了这个想法，并没有展开论述和逻辑推理，更没有进行实证检验。因此，这一点也成为Maskell和Malmberg（2007）号召未来集群学者应该“强调应用演进视角”进行实证研究的重要原因。另外，Häussler和Zademach（2007）对德国生物科技产业集群的研究也描绘了集群在演进过程背后影响创新变动的因素。基于Powell，Koput，Bowie和Smith-Doerr（2002）的研究，Häussler和Zademach（2007）认为，对于高新技术产业的集群来说，资本投入和创新投入两者在长期内能否保持平衡是维持其竞争优势的关键。从构成要素角度看，高新产业集群能否在长期发展历程中及时调整并更新资本和创新投入的比例，是决定集群是否能够持续扮演企业创新“孵化器”的关键因素。显然，Häussler和Zademach（2007）的有关集群演进结果的观点比Pouder和St. John（1996）的预期更加乐观：如果高新产业集群可以适当调整资本和创新方面投入的比例，那么即使在长期内，产业集群仍然可以保持竞争优势，而非走向消亡。

总之，知识基础观的集群演进理论从集群整体知识变动的视角解释集群演进路径背后的机理。这类研究将集群视为一个连续变化的整体，尝试探索集群在发展过程中创新水平波动的规律和原因。从研究现状上看，这类研究仍多数停留在理论层面，少数几个实证研究也仅仅是对已有理论的直接应用或提供实证证据而已，并没有对已有理论产生实质性的发展和创新。同时，集群学者也不约而同地号召从知识视角探究集群演进背后的复杂机制，也成为了未来发展集群理论的重要研究方向之一（Häussler and Zademach，2007；McCann and Folta，2008；谭劲松、何铮，2007）。

2.1.2　知识基础观的集群演进理论评述：如何贡献这个研究领域

如2.1.1所述，本书的主要贡献领域是知识基础观的集群演进机制理论（第四象限）。然而，仅仅基于这个领域中有限的知识很难做出实质性理论贡献。因此，本书需要借鉴同一个理论视角下——变异研究取向的知识基础观集群理论（第三象限）的研究成果，并深入探究二者的理论缺陷和契合点，在实现理论创新的同时也整合两种研究取向（第三象限和第四象限）下的集群理论。据此，2.1.2综合评述已有知识基础观的集群理论的缺陷、联系，并提出本书的核心问题和解决方法。

首先，从理论上看，已有文献忽略了集群成长的动态复杂性，过分注重静态分析，为本书考察集群动态演进机制规律留下空间。

其一，Pouder和St. John（1996）的理论认为导致集群最终失去竞争优势的原因是其成员企业行为趋同以及由此带来的集群创新下降和停止。这一点，用Maskell等经济地理学者的语言来讲，集群横向结构过度发展进而带来集群知识创造在长期达到上限。集群横向经济结构虽然在短期内会基于“模仿-变异”方式创造知识，但地方性竞争导致企业近视进而形成锁定效应，并产生集群的惰性。据此，在Maskell的理论体系中横向结构并不是集群创新知识的主要手段，而基于劳动分工的纵向结构是集群新知识的主要来源。可见，与Maskell等学者相比，Pouder和St. John（1996）的理论只讨论了集群的横向经济结构对集群知识的动态影响机制，而忽略了纵向结构的作用，这一点是因为前者对产业集群本身的界定与后者在范围上不同。但与Pouder和St. John（1996）的理论相比，Maskell等学者的理论体系又显得过于侧重于静态分析了。

Maskell等经济地理学者的理论体系的基本假定是集群规模总量不变，是典型经济学静态分析。“集群纵向结构的知识创新会被由横向结构的缩短所导致的知识创新减少而抵消，除非集群整体规模持续不断增加，才能保证纵、横向结构的知识创新同时进行”（Maskell，

2001)。显然，这里的基本假设是：产业集群企业总数量不变，两集群结构维度的关系此消彼长——纵向结构延长意味着横向结构的缩短。这一论断在集群企业总数增长时是不成立的：从横向结构中分离出来的企业虽然催生了纵向结构，但这并不意味着同时缩短了横向结构。原来从事整体产品生产的企业并没有完全剥离某个生产环节，是规模经济效益催生了产业集群中的劳动分工而已。所以，随着集群整体规模的增长，集群知识（来自横向和纵向经济结构）会在绝对量上增加。

但是，从研究现状上看，无论是经济地理学者还是战略学者，并没有对集群长期知识的动态波动机制进行系统研究，这是本书进行理论创新的契机。

其二，由以上可以直接得到一个推论：随着时间的推移，掌握新知识的经济行为者会逐渐加入到集群中以实现自我利益，进而改变集群构成。集群成长，无论表现为哪种经济结构的变化，都会以各自的方式给企业带来知识增加，这种知识增加也是集群进一步吸引新企业或衍生出更多企业的原因，而这个反作用并不被学者作为研究的起点（Maskell and Malmberg，2007）。在Maskell等学者的后续研究中也提出了警告，认为已有理论构建方式可能存在循环因果的风险：如果没有理清集群存在的内在机制和原因，就假定由于集群存在因而集群给成员企业带来益处，则可能产生自我验证的错误（Malmberg and Maskell，2002）。如果不具体阐述集群成长的内在机制，然后就提出“因为集群存在能给企业带来好处，所以集群会存在”这样的命题，从逻辑上看，则是一个自我验证的错误——回答问题的工具建立在问题已经被回答的基础上（Krugman，1995）。但遗憾的是，Maskell的理论体系也没有探究这个过程。

从知识基础观出发，集群存在和成长是以创造和利用知识为起点和动机的，而对知识的利用和创造又反过来作用于集群成长。这是一个典型的内生性问题，被McCann和Folta（2008）认为是集群理论创新的一个重要研究方向。这一点，要求我们超越已有理论的静态分析，转入到动态的、过程取向（process approach）的研究范式，理清集群演进背后复杂的动力机制。

其次，从现象上看，已有知识视角下的集群演进理论中部分论断与实际观察不符，为本书从制度理论和组织学习理论进行集群理论创新提供了契机。

其一，虽然Tan（2006）的研究为Pouder和St. John（1996）的经典理论提供了一个实证描述，但Pouder和St. John（1996）理论中所讨论的集群演进路径和“最终命运”与一些具有重生特征集群成长轨迹的实际观察不符。

Pouder和St. John（1996）的理论认为，从长期来看，集群势必会失去竞争优势，这是一个类似于产业生命周期的论断。他们在文末论述道，“实际上，虽然在经历集群危机后会有部分企业调整原有的制度化实践，但集群整体仍然会失去竞争优势”（Pouder and St. John, 1996）。然而，从逻辑上讲，这一论断是正确但不完整的：如果按Pouder和St. John（1996）所预测的，集群最终失去竞争力是因为整体知识创新降低和停止，那么，如果集群企业调整行为可以再次创新集群知识，集群会不会重新获得竞争优势呢？集群的“最终命运”是否还会如Pouder和St. John（1996）所预测的那样走向消亡呢？这要取决于采取调整策略的集群企业能否给集群整体带来新一轮的、革命性的知识创新。

在现实观察中，产业集群的演进路径也并非总是如Pouder和St. John（1996）预测的一样：边际递减并最终以失去竞争优势结束。相反，集群演进往往是更复杂的、带有重生性的、阶梯式的过程。在这个过程中不仅有成员企业制度性的趋同效应，而且也有基于企业反思的制度创业行为，而后者在Pouder和St. John（1996）理论中并没有提及。虽然Pouder和St. John（1996）探究了集群制度性压力导致成员企业的同构现象，以及由此导致集群内部知识增量递减，创新逐渐衰竭，但是他们显然忽略了制度创业（institutional entrepreneurship）——打破特定制度框架，以及由此带来的知识创新对集群重获竞争力的影响和作用机制。

类似地，Maskell等经济地理学者从理论层面讨论集群边界扩张问题时提出疑问：既然纵向经济结构通过产业链劳动分工方式更为有效地创造集群知识，那么，集群可不可以无限地在其内部进行分工从而实现无限的知识创新呢？Maskell等学者认为是不可以的：每个集群都有适用于促进产业链内部劳动分工以及整合由劳动分工所带来新知识的制度规范。从动态视角看，集群内每进行一次劳动分工，就需要对原有集群内整合知识的制度规范进行相应的调整。虽然这种调整是渐进式和微小的，但集群纵向结构延伸要求原有制度有足够的延伸能力能够适应、整合不断产生的劳动分工。当集群制度不能适应进一步的劳动分工时，集群纵向结构发展就停止了，集群成长的边界就停留在原有制度不能顺利变革的时点上。因此，Maskell等学者提出制度匹配（institutional fit）的概念来解释产业集群可能失败的原因：集群成长和知识增加是因为集群制度能够保证产业劳动分工及知识整合的顺利实现，而一旦二者不匹配，集群成长就会出现危机。由此，Maskell等学者推断，集群经济结构及集群内部制度存在相互依赖关系。但遗憾的是，Maskell等学者并没有探究制度如何变革以及如何改变集群命运，当然更没有提供实证研究，这也是Maskell和Malmberg（2007）所提出的集群理论未来发展的方向。

虽然用词不同，但从逻辑上推断，Tallman等学者（2004）对集群竞争力的解释与上述观点是内在一致的。由结构知识的定义可知，它是在集群长期成长过程中发展出来的、公知性的、用以整合和吸收组件知识的规则，像空气一样存在于集群内部的社会规范，而这正是制度理论学者对制度一词的界定。因此，换用Tallman等学者的语言，Maskell等经济地理学者所谓“制度匹配”的思想实际上是当集群组件知识随时间变化不断创新时，原来用以帮助企业吸收、整合和创新组件知识的结构知识也要产生相应的创新，才能保证集群整体竞争力的提升。这个过程类似于Hensderson和Clark（1990）在产品开发层面上提出的建构性创新（architectural innovation）的概念：当产品某个部件产生渐进式的改进时，如果原有的产品部件组合方式没有相应的创新，则产品整体知识含量会下降。由此推论，如果随着集群的组件知识不断变化而其结构知识保持不变，则集群竞争力可能会出现危机。相反，只有集群的“轨道”（rail system，即集群结构知识）与“货车”（cargo，即集群组件知识）相匹配时（Tallman et al.，2004），集群成长才表现为连续地创新知识和获取持续竞争优势。然而，Tallman等学者（2004）并没有对上述这种可能的推断进行讨论，当然也没有给出实证证据，这也成为本书理论发展的契机。

其二，知识基础的集群演进理论过度强调集群利用式（exploitation）学习方式对集群知识创新和竞争力的作用，对现实集群知识变化的复杂规律解释力不足。

一方面，Pouder和St. John（1996）的理论在强调集群企业制度性趋同效应时同时指出，随着集群逐渐演进到收敛阶段（convergent stage），企业的搜寻范围和竞争对象几乎只集中在集群内部，学习方式也表现为利用式学习，进而导致集群整体创新水平降低和停止。类似的观点也出现在Maskell和Malmberg（2007）的论断中：在长期集群演进中，成员企业的竞争和学习行为均出现近视现象——过度集中集群内部企业的简单模仿并导致集群整体形成锁定效应（lock-in）。

另一方面，Tallman等（2004）认为集群内部组件知识的扩散——成员企业充分学习、利用集群创新的先动者来创造自身利益是集群获取短期竞争优势的来源。显然，知识在集群内部扩散的过程强调了集群企业充分利用已有知识改进产品技术的同时，也忽略了现实观察中集群知识革命性创新的发生过程和条件。Arikan（2009）更是从企业层面上具体解释集群成员如何充分利用集群已有知识并在此基础上进行改进达到创新。

然而，集群成员企业充分利用内部已有知识提高整体竞争优势的论断显然是不完整的。在现实中，集群产品相关技术会在一段较长时间后发生革命性变革，表现为集群企业的知识脱离原有的技术轨迹和新一轮的技术扩散。那么，集群为什么会发展出几乎全新的知识？集群克服“近视效应”的过程和条件是什么？这些新知识如何影响集群的竞争优势？类似的问题在已有文献中并没有得到重视，更没有给出实证研究。因此，综合考察集群整体的利用式（exploitation）和探索式（exploration）学习以及其平衡过程，是本书全面探究集群知识变动和竞争优势变化规律的有效手段。

其三，已有知识基础集群演进理论基于西方情境发展而来，建立在明确的、以市场为企业间关系协调机制的社会情境假设上，其部分论断与其他社会中（如中央计划经济、转型经济）的观察不符。

经济行为高度嵌入于社会制度安排中（Polanyi，1944），不同社会中的行为者从事经济行为的基本原则有本质差异（Polanyi，1957）。例如，在论述集群横向结构向纵向结构转化时，Maskell引用了亚当·斯密的理论阐述：“当经济主体可以自由追求自我利益时，集群横向结构中的企业会利用所掌握的知识专注于产业链中的特定环节，横向结构向纵向结构转化”（Maskell，2001）。随着集群成长，在横向结构中那些追求自我利益的经济主体（如生产技术人员、销售人员等）会专注于集群产品的某个生产环节，利用自己所掌握的知识脱离原企业，因此发展出集群的纵向结构。这里有一个基本假设：个体经济主体具有绝对的自由度，可以追求自我利益，基于理性计算的市场力量驱动了集群内部劳动分工的形成。

然而，这个支撑新古典经济学的基本假设在计划经济社会制度下是不成立的，个体经济行为者在计划经济下无法自由追求自我利益成立企业，取而代之的是基于社会层级命令系统促成了经济结构的发展。例如，在中国，大多数乡镇产业集群的发展经历了由计划经济时代到市场经济转型的过程，其中的个体经济行为者的自由度发生巨大变化。制度在计划经济和经济转型时期，限制了产业的劳动分工。因此，对知识视角的集群理论创新，要求我们重新审视集群产生并赖以生存的社会情境，这一点在已有理论中是缺乏的。

综上所述，从现象观察和已有理论分析中我们发现，虽然用词不同，但经济地理学和战略管理学者不约而同地指出或暗示了同样的观点：其一，产业集群成长过程本身会逐渐产生制约集群创新的制度，表现为集群整体的制度性同构化，而打破这种规范的过程，将成为保持集群创新和重新获取竞争优势的动力。其二，产业集群在发展历程中倾向于过度利用已有知识形成学习的近视和锁定效应，而集群探索式学习以及由此带来的新一轮、革命性的知识创新，可能会成为集群新一轮技术扩散、利用式学习并重新获得竞争优势的关键。然而，已有文献并没有从理论上有效解释上述两个过程的动因和内在机制，当然也没有提供任何实证证据。其三，在转型经济社会（如中国）中，集群制度化和技术变革的特殊性为进一步发展知识基础的集群演进理论提供了良好的试验场。

据此，为了从知识视角探究产业集群演进的机制，本书提出理论层面的研究问题：从知识视角出发，产业集群演进过程背后的内在机制是什么？集群的制度变化过程和组织学习行为如何共同决定产业集群演进路径的一般规律？

从知识视角考察集群演进过程，旨在探究集群创新和竞争力变动背后的客观规律。由上所述，集群发展过程中的制度化、制度创业、利用式学习和探索式学习等组织变化过程和行为，是集群主体在长期演进过程中改变自身特征和改变与其他主体关系的表现，成为打开集群演进背后内在机制“黑箱”的关键。

然而，已有集群文献并没有对上述复杂问题给出一个答案，这要求我们将制度理论（本书主要是新制度理论，即neo-institutionalism，2.2节详细阐述）和组织学习理论（organizational learning theory）作为工具纳入到知识视角下的集群演进研究中，并将市场转型理论（market transition theory）作为理解本书情境的背景知识。因此，在下面的理论分析中，本书重点分析制度理论和组织学习理论中与本书相关的概念、观点和命题，以及本书在集群现象研究中对这些相关概念的界定。同样，对市场转型理论也只讨论社会制度环境、组织模式和地方性社团等与本书相关的概念和结论。

2.2 制度理论

2.2.1 基本概念和观点

广义的制度研究涵盖范围包括政治科学（例如，早期的Burgess，1902；近代的March and Olsen，1984）、制度经济学（例如，早期的Coase，1937；Commons，1950/1970；近代的Williamson，1985，1991；North，1990）和社会学（例如，早期的Weber，1924/1946，Merton，

1940/1957和他的两个学生Parsons，1937，1951；Selznick，1957等；近代的Berger and Luckmann，1967；Meyer and Rowan，1977）等领域。早期研究以宏观社会系统为对象，而近期的制度经济学和政治科学则过分强调制度的理性而忽略了社会情境中的规范性（Parsons，1937，1951；Selznick，1957）和认知性（Berger and Luckmann，1967；Meyer and Rowan，1977）。源于本书贡献在战略和组织研究领域，本书所用的制度理论是沿袭社会学视角、基于组织分析的制度研究框架。因为其突出组织分析、制度的认知性维度和社会建构过程而有别于传统的制度研究，被组织理论学者称为新制度理论（Powell and DiMaggio，1991；Sccot，1995，以下简称制度理论）。

自Meyer和Rowan（1977）进行开创性研究以来，制度理论学者聚焦于组织外部制度环境（institutional environment）与组织模式（organizational form）和行为（behavior）的互动关系，是解释组织变革和组织场域（organizational field）制度化的重要视角。制度理论学者将制度视为影响和决定组织模式的重要因素。特定组织场域中占主导地位的制度原型（institutional template，也被称为制度逻辑——特定组织场域中行为者有关组织目标和手段的共识，Battilana et al.，2009），规定了其中人们组织活动的方式。因此，组织模式是其制度环境的“化身”（载体）（Haveman and Rao，1997），反映制度环境中的价值观和社会规范等内容，进而实现约束、规范人类活动的目的，体现在制度理论对组织场域制度同构（institutional isormophism）和合法性（legitimacy）等概念的讨论中。源于社会学的制度理论，也因为其强调组织外部环境中的认知性（cognitive）和规范性（normative），与经济学和政治学的制度研究区分开来（Sccot，1995）。另外，基于行为者利益、技术变迁等因素，组织或其他制度环境中的行为者会对组织模式和行为进行修正、变革，并推动新组织模式和/或行为的扩散，反向塑造了组织的制度环境。此二者共同构成制度理论中有关“制度（institution）–行为（action）”复杂关系的讨论（Lawrence et al.，2009）。

一方面，制度理论学者认为，决定组织模式和行为的因素不再是传统理性选择视角的组织理论中所强调的技术环境（technological environment），更重要的是组织外部的制度环境。现代组织变得越来越相似不再是因为组织在市场中基于理性选择的竞争性同构效应（compataitve isormophism），而是因为组织服从外部制度性压力的制度同构化（institutional isormophism）的结果（DiMaggio and Powell，1983）。组织场域的制度性同构与竞争性同构，也因为其机制和内在动因不同而被区分开。由此，制度（institution）一词被认为是约束人和/或组织模式的、正式或非正式的社会秩序（social order）、规则、类规则（rule–like）的总称（Greenwood et al.，2008）。

制度理论学者主要将理论建构在组织场域层面，讨论其中组织模式和行为随时间变化逐步服从主导制度逻辑进而趋于一致的过程。组织场域是指共同构成制度生活（institutional life）的一系列组织的总和，包括供应商、资源和产品消费者、管制单位（regulatory agencies）和其他生产相似产品或提供相似服务的组织（DiMaggio and Powell，1983）。学者对合法性（legitimacy）概念的解释（Suchman，1995），进一步突出“组织为了获得合法性而采取与制度要求一致的做法，哪怕是以牺牲效率最大化为代价”的观点。DiMaggio和Powell（1983）的经典理论更是详细论述了组织场域中制度环境促进组织模式同构化的三个具体机制：强制性同构（coercive isomorphism），即国家、政府等权力机构给予法律、法规等对组织模式和行为的硬性规定；模仿过程（mimetic process），即组织在不确定环境下对高绩效组织模式和行为的模仿；规范性压力（normative pressures），即从事相同职业的不同组织成员因为教育背景相同导致认知相似以及职业网络促成组织模式快速扩散所形成的社会性规范。基于该论断，学者做了大量的实证研究（例如，Guillén，2002；Christmann，2004；Souitaris，Zerbinati and Liu，2012）。

Sccot（1995）的经典理论在整合前人观点的基础上给出了制度理论的系统性分析框架。首先，与Jepperson（1991）的思想一致，Sccot（1995）认为制度在不同层面上通过文化（cultures，国家）、社会结构（social structure，社会系统）和日常规范（routines，组织）等三个载体（carriers，1995）实现对人类行为的约束和控制，这一点也成为了上述Haveman和Rao有关“组织模式是其制度环境的‘化身’”（incarnation，1997）观点的理论基础。其次，Sccot（1995）认为制度由三个基本要素构成：规制性维度（regulative pillar），即通过设立规则和奖惩等形式监督组织的行为，即“如果按制度规定/不按规定做，那么我将会受到奖励/惩罚”。因此组织基于工具理性计算而服从制度环境要求，在以North为代表的制度经济学者中讨论最突出。规范性维度（normative pillar），即组织基于其社会系统整体的价值观（value）和规范（norm）中的角色期望（role expectation）而服从制度安排。与基于计算自我利益得失的强制性维度不同，制度规范通过他人外在的期望内化于组织并形成“作为符合这个角色中的一员，应该做出符合这个角色所期望的行为”的义务性行为，实现对组织行为的约束。认知性维度（cognitive pillar），即行为者构建了其制度环境和现实，并以此赋予组织行为的意义（meaning）。这个维度突出了制度本身是一个行为者集体自我社会建构（social construction）的结果，制度环境中的行为者通过定义“我们是什么”实现对组织的约束。制度规范性和认知性维度的区别在于，前者强调组织基于他人期望的力量而服从制度要求，因此是外在约束，后者则强调组织的社会认同过程（social identification），是组织的自我内在约束。所以，基于社会建构的制度理论研究，不仅要回答“企业应该做出何种行为而符合制度要求”（强制性和规范性维度），更要回答诸如“什么样的组织会被称为企业”以及“这种定义企业的方式是如何维持和/或变化的”等问题。这一点，也成为了制度理论用以定义制度化的社会建构过程以及由此延伸出的制度创业理论的基本假设。最后，基于上述界定，Sccot （1995）将制度三要素与DiMaggio和Powell （1983）有关组织场域制度性同构的三个机制的经典论断联系在一起：制度的规制性、规范性和认知性维度分别通过强制性同构、规范性压力和模仿过程三个机制对组织起到约束作用，使组织行为与制度环境要求相符。

总之，制度理论在其发展的前20年内侧重于制度对组织模式和/或行为的限制作用研究。制度的规制性、规范性和认知性三要素分别通过强制手段、规范性压力和模仿过程等三个内在机制促成组织与制度环境保持一致，因此突出了制度本身的稳定（stability）而非变革（change）特性，研究多集中于组织场域层面（Greenwood and Hinings，1996）。制度理论学者认为，制度通过限制特定的组织模式进而规范和限制人类活动，而组织模式和/或行为是制度中规定、信仰和价值观的载体（Ingram，1996；Haveman and Rao，1997）。制度是组织场域层面抽象的、对组织模式和/或行为规定的总称，制度化（institutionalization）则是组织为了迎合这些规定进而通过强制、模仿和规范等三个机制的制度安排的服从（adoption）过程。从本质上讲，组织场域制度化和组织的三个制度性同构机制的概念是基于过程的动态观点：为了获取合法性，组织在某个时点的模式设计和行为本身，成为了未来组织模式和行为创新的限制（constrain）。因此，制度化是一个自我加强（self-enhancement）的社会建构（social construction）

过程。

另一方面，随着制度理论的发展，学者逐渐认识到制度与组织间并非简单的“制约与服从”关系。组织对其制度环境有明显的塑造和改变作用，具体表现为组织模式、行为等脱离原有制度的限制，最终导致整个组织场域的制度变革，体现在制度创业（institutional entrepreneurship）的研究中（例如，DiMaggio，1988；Greenwood and Suddaby，2006；Battilana et al.，2009）。

制度创业者（institutional entrepreneurs）是指那些调动资源创造一个新制度或改变一个已有制度的行为者（DiMaggio，1988）。这意味着，在特定组织场域中，某些行为者在没有明确的制度框架约束下“从无到有”地创造出一个新制度，从而实现规范组织模式和/或行为的目的，或者至少首先是某些行为者并没有按照已有制度所规定的那样行事，而是发起（initiate）并推广实行（implement）与之不同的组织模式和/或行为，进而脱离已有制度的约束，并进一步改变了整个组织场域中的制度。这些首先尝试创造制度，或者率先打破已有制度和推广新制度的组织或个人，称为该组织场域中的制度创业者，而他们为了自我利益进而调动资源实现制度变革的过程，称为制度创业（institutional entrepreneurship）。

因为制度的概念高度抽象，而且其本身并没有具体指明哪一种特定的制度原型（institutional template），及其约束了组织的哪一种行为或组织模式的哪一个方面，所以在已有文献中，制度创业者也泛指那些通过改变组织特定行为或模式设计（至少是一部分组织模式设计）来打破常规、破旧立新的人或组织，而制度创业也泛指那些建立规则或以新规则代替旧规则的组织场域层面的制度变革过程。已有实证研究在对不同组织场域的观察中均看到这一现象。例如，协调交易规则（Leblebici et al.，1991；Holm，1995）、企业人力资源管理模式

(Sherer and Lee，2002)、行业技术标准（Garud，Jain and Kumaraswamy，2002)、组织咨询方式（Maguire et al.，2004），组织整体模式设计（Greenwood and Suddaby，2006）等等。与传统制度理论强调制度的稳定性不同，制度创业概念强调制度的可塑性和可变性，在20世纪90年代末期至今的制度理论发展中逐渐获得重视，成为制度变革的代名词（Greenwood，Oliver，Suddaby and Sahlin，2008）和制度理论未来的重要发展方向（Battilana et al.，2009)。制度创业理论的基本观点如下：

其一，对制度创业者的概念剖析表明，制度创业突出了在制度框架下行为者的主观能动性，认为行为者可以改变整个组织场域的制度环境。符合制度创业定义的行为者所表现出来的能动性必须是趋异性变革（divergent change，D' Aunno，Succi and Alexander，2000；Battilana et al.，2009)。有学者称之为剧烈变革（radical change，Greenwood and Hinings，1996）或不具合法性的变革（illegitimate change，Kraatz and Zajac，1996)。趋异性变革是指打破组织场域中原有制度原型（institutional template）的变革，表现为违背已有制度中所蕴含的价值观和社会规范，以及新组织模式或行为的合法性所引起的争议（contestation)。例如，在Kraatz和Zajac（1996）对美国私营文科学院（private liberal arts colleges）的经典研究中，开设市场导向的专业教育类课程与传统文科学院所强调的纯粹文艺创作的价值观相悖，因此是文科学院这个组织场域中的制度创业现象。类似地，代顿模式（Dayton）相对于美国早期的储蓄行业（thrift industry）是制度创业行为（Haveman and Rao，1997)，合伙制（partner track）的人力资源实践相对于传统克拉瓦斯模式（Cravath model）是法律公司组织场域中的制度创业行为（Sherer and Lee，2002)，而多职能部门制（MDP）相对于传统专业化模式（Cravath model）则是会计师事务所产业的制度创业现象（Greenwood and Suddaby，2006）。

其二，制度创业者可能会通过改变组织模式整体、组织模式中的一部分或者创立新企业等三种形式，实现创立新制度或者打破已有制度原型的目的。

组织模式（organizational form）是制度的载体，制度创业可能表现为组织模式整体的趋异性变革。然而，组织学者对应该如何定义组织模式还没有达成一致观点（Lewin，Long and Carroll，1999）。组织模式被定义为“组织结构和战略的整合”（Ingram，1996），或者是“整合组织的目标（goals）、职权关系（authority relations）、技术（technologies）和市场战略（marketing strategy）等四个核心方面（core properties）的方式（Rao，Morrill and Zald，2000）”。而制度理论学者则将组织模式界定为特定制度所蕴含的价值观下，被认为是合适的（appropriate）组织结构（structure）和实践（practices）的总称（Greenwood and Hinings，1996；Greenwood and Suddaby，2006）。因此，以观察组织模式整体为对象的制度创业研究，实际上是比较组织场域中两（多）个组织模式在其构成的多个方面的差异（例如，Haveman and Rao，1997；Greenwood and Suddaby，2006）。

然而，组织模式的整体变革要经历几十年的时间才能演变完成（Rao，1998），表现为在一定时期内只有组织模式的部分发生变化。因此，制度创业可能表现为组织模式中的某个方面打破了特定组织场域内的已有制度原型。例如，Sherer和Lee（2002）的研究认为法律公司中组织模式的一部分——创新性人力资源管理实践是制度创业行为；而Maguire等（2004）的研究则认为医药企业的一个组织行为——咨询方式变革是制度创业行为。

制度创业也可能以创立新企业的方式打破组织场域中的已有制度。但是，并非所有的创业行为均是制度创业行为——取决于是否是趋异性变革。例如，孟加拉国的妇女从事劳动并创办企业违背了其基本的社会价值观，因此被认为是一种以创业方式表现出来的制度创业现象（Martí and Mair，2009）。因此，制度创业和创业既有区别又有联系：为了符合和采纳制度的创业行为并非制度创业，改变制度原型的组织模式（整体或一部分）变革是制度创业但并非创业行为，而以创造出新企业的方式打破特定组织场域中已有制度原型的活动则是这两个概念的交集（Battilana et al.，2009）。

其三，制度创业的概念强调制度变革是发生在组织场域制度化过程中的内生性变革（endogenous change），是一个矛盾辩证过程（dialectical process，Seo and Creed，2002）。由定义可知，制度化是由构成组织场域行为者的社会构建过程，而制度创业则认为这些构建规则的主体有时会打破常规并破旧立新，这就带来一个逻辑上的问题：这些行为者为什么会改变由他们自己所构建出来的制度环境呢？这个问题似乎在挑战制度创业定义本身，认为它是一个自相矛盾的概念，被称为“嵌入性行为者悖论”（paradox of embedded agency，Holm，1995；Seo and Creed，2002）。

理解这个悖论，实际上是探究组织场域中制度创业发生的条件（enable condition）。制度理论学者从组织场域层面、组织层面和个体层面因素分析中分别给出了一些答案（参见 Battilana et al.，2009 的综述），基本结论是：当已有制度在特定的组织场域中表现出制度矛盾（institutional contradiction，“组织场域制度化过程所产生的、不可避免的副产品”，Seo and Creed，2002）时，则会促发组织场域的制度创业行为。Seo and Creed（2002）基于组织的矛盾辩证观（Benson，1977）认为制度矛盾的来源有四类：①无效率性（inefficiency），即组织因为追求合法性而过分损失了效率，曾经给组织带来合法性的制度（由组织模式体现）过分降低企业绩效所表现出的矛盾；②组织场域整体不适应性（nonadaptivity），即越来越多组织采用制度化的组织安排，组织场域整体在经济和心理方面形成锁定效应（lock in），而当外界环境变动（如技术变革、经济危机等）时，则会表现为制度矛盾；③多制度逻辑间的不可兼容性（inter-institutional contradiction），即当组织场域中不只含有一个制度逻辑时，遵守一个则意味着违背另一个，表现为组织场域制度矛盾；④利益未被满足（interest misalignment），即任何特定制度只能满足组织场域中一部分中心行为者的利益，导致处于边缘位置的行为者会发起制度创业行为，该观点与现有关于行为者的社会位置的讨论一致。

与Seo和Creed（2002）的思想类似，Webb等学者（2009）认为同一个制度的三个元素——强制的、规范的和认知的内部存在矛盾（institutional incongruence）时，即在正式制度框架下定义的合法性行为和非正式制度（规范和认知）下定义的合法性不同时，会出现所谓的非正式经济（informal economy），是行为者在特定系统中违背正式制度规定并进一步实现主观能动性的前提。进一步，正式制度限制的强度越弱，则行为者识别和把握制度创业机会的概率越大，而基于非正式制度的集体认同越强，越能帮助行为者获取制度创业所必需的信息和资源。这一观点对转型经济过程中的中国产业集群研究尤为重要：中国经济转型历程中不仅仅表现为特定组织场域的不同制度逻辑之间的矛盾和效率与制度要求的矛盾（Seo and Creed，2002），而且可能表现为同一个制度逻辑中规制、规范和认知等三个不同元素之间的矛盾（Webb et al.，2009），成为本书理解制度变革机制及其与集群演进关系的基础。

总之，制度创业文献认为行为者会通过组织模式（整体或一部分）的趋异性变革或是创立新企业打破组织场域中已有的制度原型，其条件是制度矛盾。进一步，这些制度矛盾并非完全来自组织场域外部，有时恰恰来自组织场域自身的制度化过程，是制度化过程的“向后拉力”——组织为了维持制度的稳定性而做出符合制度原型的组织模式和行为，在长期发展中，却恰恰成为了制度变革的条件。因此，制度化和制度创业是组织场域制度变化的两个不可分割的侧面，对于理解制度的稳定性和变革的辩证关系来说缺一不可。

作为重要理论前沿，制度理论发展出制度逻辑视角以及制度研究的微观基础两大分支，解释制度与行为者活动的复杂能动关系。

制度理论学者基于制度逻辑理论视角发展出多重制度逻辑（Greenwood et al.， 2010）、竞争性制度逻辑（Marquis and Lounsbury，2007）、制度多元主义（Kraatz and Block，2008）、制度复杂性（Greenwood et al.， 2011）等概念解释制度环境的复杂构成，回答“组织为什么不同”这一核心问题。

多重制度逻辑——组织解释有关客观世界以及行为适当性的一系列原则的总称（Friedland and Alford，1991；Thornton and Ocasio 2008）——是制度复杂性的直接来源。多重制度逻辑赋予组织多样化的观念、原则和期望，因此组织面临遵从多重逻辑行动的冲突制度压力，即制度复杂性。基于西方情境，学者总结出家族、社区、宗教、国家、市场、专业和公司等七个社会层面的制度逻辑并以这些原型概念构成制度逻辑的理论框架（Friedland and Alford，1991；Thornton et al.， 2012）。基于中国情境，刘振等（2015）尝试归纳社会企业的制度逻辑内涵，黄昊和王国红（2022）基于多案例研究设计从制度逻辑视角剖析创新型中小企业的社会防御机制，蔡晓梅和苏杨（2022）的最新研究从宏观制度分析与博弈整合角度讨论我国国家公园的制度逻辑演变特征。这类文献以特定组织场域为对象，应用已有制度逻辑理论并尝试进行本土化拓展。从文献发展脉络看，以Thornton、Lounsbury等学者为代表，制度逻辑理论体系成为解释组织在制度环境下战略和绩效差异的核心视角。

例如，Lounsbury（2007）将制度逻辑相互竞争思想用以解释地区层面组织差异化行为。以银行业为对象，该研究发现在波士顿和纽约地区分别涌现出信任逻辑和职业逻辑，导致两个地区中的企业交易行为表现出差异性。Marquis和Lounsbury（2007）描绘了国家逻辑如何与社区制度逻辑冲突并最终导致了后者的出现。他们认为美国银行业存在国家倡导的效率至上和社区自治两个主要制度逻辑。二者长期互动和冲突导致创业行为从国家制度逻辑观念中脱离出来，形成了地方性制度逻辑。聚焦于医学院组织场域，Dunn和Jones（2010）发现：科研逻辑和医护逻辑在长时间内交织在一起并且在医学院中有不同的拥护者，对医学院行为产生不同影响。类似地，国有企业面临行政与经济发展两种制度逻辑：基于行政逻辑偏好决策的合法性，而经济发展逻辑强调决策对企业运行效率的影响。与国外发展趋势相似，自周雪光和艾云（2010）、杜运周和尤树洋（2013）等将制度逻辑概念引入国内研究以来，学界聚焦于宏观层面组织场域变革（刘德鹏等，2017）、制度复杂性述评（陈扬，2015）、跨国企业战略（彭长桂、吕源，2016）、组织双元性管理（葛明磊等，2018）、国有企业管理模式（王利平，2017）等议题，研究方法以理论思辨和案例研究为主，整体处于迅速发展阶段（杨书燕等，2017）。

可以看出，早期制度逻辑和制度复杂性研究突出组织场域多重制度逻辑的冲突，聚焦于制度逻辑互动如何导致组织场域制度变革以及组织差异化表现。从数量上看，组织面临的制度逻辑越多，则制度环境越复杂——组织面临的冲突制度压力越大。但是，有关混合组织的研究表明（Tracey et al.，2011；吴波等，2022），组织面临的多重制度逻辑之间并非总是“水火不容”的。相反，在一定条件下多重制度逻辑可以相互兼容。多重制度逻辑之间的关系——竞争性和相容性决定了制度的复杂程度。多重制度逻辑间的兼容性有多大、影响要素是什么等问题在早期研究中被忽略了。这成为Greenwood等（2011）对多重制度逻辑“相对可兼容性”的研究号召，也是制度复杂性理论的发展方向。

Besharov和Smith（2014）为此提供了一个有力的理论框架，是理解多重制度逻辑冲突程度的核心机制。该理论认为，组织在多重制度逻辑下并不意味着面临同样程度的制度冲突，而是由多重制度逻辑的两个特征决定的：一是兼容性（degree of compatibility）——组织面临的多个制度逻辑是否以及在多大程度上可以互补。兼容性高，多个制度逻辑可以为组织提供互补或彼此强化的观念和行动原则；兼容性低，多个制度逻辑为组织提供相互矛盾的制度要求。兼容性是决定多重制度之间潜在冲突大小的前提。二是分散度或多中心性（degree of centrality），即多个制度逻辑对组织是否具有以及在多大程度上具有同样影响。分散度高，意味着多个制度逻辑对组织都很重要，组织需要应对多个制度逻辑的约束，不能顾此失彼，即制度逻辑多样而且每个压力足够大、组织不能忽略其中任何一个（Greenwood et al., 2011）。多重制度逻辑分散度越高，则组织面临的制度冲突越大。分散度低，意味着组织面临少数重要的制度逻辑，冲突的制度压力较弱。进一步的，组织面临的多重制度逻辑冲突程度由兼容性和分散度共同决定：在高兼容性和低分散度制度环境中，多重制度逻辑对组织的冲突压力最小；在低兼容性和高分散度制度环境中，多重制度逻辑对组织的冲突压力最大。该理论为制度复杂性分析提供了新思路，是解释多重制度逻辑下企业行动和绩效差异的核心机制。

为什么多重制度逻辑会产生不同程度的制度冲突？以兼容性和分散度为核心机制，制度复杂性文献为企业差异化行为提供了基于宏观视角的解释。

从组织场域层面看，组织场域结构决定了制度冲突的程度。一方面，成熟组织场域中存在规范化、可识别的组织互动模式，组织行为更加确定。这种情况下，组织面临的制度复杂程度低、制度环境更容易预测——因为多重制度逻辑间的“张力”已经在组织场域层面得到内化（Greenwood et al.， 2011）。另一方面，新兴组织场域具有高度可渗透的边界，外部行为者容易进入并带来其他制度逻辑，结果是组织场域内缺乏具有一致性的制度要求，组织面临高度的制度复杂性。组织场域结构——区隔性、正式化程度、中心性成为解释制度冲突来源的宏观要素。区隔性是指在组织场域中“不可协调的制度主体”（Greenwood et al.， 2011）数量，反映制度逻辑拥护主体的多少。在特定组织场域内的制度主体数量多，且这些主体间的协作性低，则组织将面临相互冲突的制度要求。

例如，Pache和Santos（2010）指出，组织场域中多个制度主体导致组织遵循的观念和行动原则具有高度复杂性。以美国保健行业为例，Besharov和Smith（2014）指出当组织场域中多个专业群体中有一个占主导地位时，多重制度逻辑兼容性较高。可见，区隔性体现了组织场域中权力来源的绝对数量。组织场域的正式化程度衡量的是特定制度逻辑的正式程度，反映制度逻辑及其拥护者对组织约束力的大小。正式化程度高，制度逻辑对组织的约束力度强；反之，则弱。一方面，高度正式化提高了制度要求的特殊性，使制度压力更明显、更易管理。另一方面，低度正式化有助于提高组织的裁量权，常见于新兴组织场域中。例如，医疗行业中多元制度主体塑造该场域的松散结构，导致医疗咨询组织及其新制度的出现（Maguire et al.， 2004）。中心性衡量组织场域中制度主体的层级权力。中心性越高，制度压力越集中来源于少数主体及其拥护的制度逻辑；相反，制度压力分散在组织场域的不同主体中，制度复杂性较高。显然，中心性与Besharov

和Smith （2014）理论中的分散度概念相对应，体现组织场域中制度主体的权力分布情况，是组织场域影响制度复杂性的要素。

从组织层面看，首先，组织雇佣和社会化实践是影响组织成员及其拥护制度逻辑兼容性的要素。例如，雇佣来自多个制度逻辑观念下的成员可能导致组织内产生较强的观念冲突。例如，Battilana和Dorado（2010）发现，雇佣既不拥护银行逻辑也不拥护发展逻辑的员工并在组织内部社会化，与雇佣拥护银行或者社会工作逻辑的员工相比，可以提高制度逻辑的兼容性。这一观点与Greenwood等（2011）有关组织结构影响制度复杂性的论断一致：组织分工使不同群体对环境的接受程度有明显差异，是不同制度逻辑在组织内部的代理者。因此，组织结构越复杂、员工之间的区分度越大，则组织越容易表现出制度复杂性。其次，组织在场域中所处的位置决定了其能动性。一般而言，处于边缘位置（Leblebici et al.，1991）和中心位置（Greenwood and Suddaby，2006）的组织分别基于强动机和高能力会打破已有制度，而处于跨组织场域边界位置（Lepoutre and Valente，2012）的组织更有能力整合不同制度逻辑进而采取混合制度战略。最后，组织使命是影响多重制度逻辑分散度的因素。组织使命将组织置于组织场域中多个制度逻辑的交集。当组织涉及多个专业领域的任务时，它需要同时面临多个制度逻辑约束，即高制度逻辑分散度。以社区精神健康中心为例，Besharov和Smith （2014）认为当组织任务大幅度变化时会导致多制度主体同时变得重要，进而造成较高程度的制度冲突。这一点与有关组织身份的论断一致（Glynn，2008）：企业具有多个身份时，内部多样化的利益群体代表多重制度逻辑，导致组织的制度复杂性较高。可见，制度复杂性文献尝试解释差异化的冲突制度压力来源，突出组织场域和组织特征的前因效应。

面临制度复杂性，组织会做出哪些响应战略？Oliver（1991）首先提出了行为者的能动性战略问题。她从资源依赖程度角度提出组织在制度中的差异化战略：默许、妥协、回避、违抗、操纵，由低到高体现出组织的能动性。但是该理论的核心是基于资源依赖思想把制度与组织之间的权力博弈作为制度响应战略的来源。显然，这一思路与制度复杂性的解释不同，过度强调了组织权力的作用，忽略了现实制度环境的复杂、多元构成。

基于这种不满，Pache 和 Santos （2010）发展出制度复杂性视角下的解释，分析组织不同制度响应战略的前因。他们的逻辑起点是对 Oliver（1991）的批评：组织更容易默认其赖以获得合法性的制度及其所施加的压力。然而在多重制度逻辑框架下，默许行为意味着遵循一个制度要求并且明确挑战其他制度。因此，与资源依赖思路不同，Pache 和 Santos （2010）重点考察妥协、回避、违抗、操纵等四类制度响应战略。其中，妥协是指通过满足多重制度逻辑中的部分要素来应对冲突制度压力，表现为组织在其内部引入、整合多个制度逻辑的观念和实践。例如，美国艺术博物馆对不同资助者差异化的展出要求，博物馆馆长会依据其面临的多制度主体要求调整展览的具体形式(大型展览或巡回展览)。回避是指通过否定特定制度逻辑必要性的方式应对制度冲突，往往象征性地遵循特定制度逻辑而实际采用另一套制度逻辑的做法。例如，Raaijmakers 等（2015）研究表明组织会通过设计一定的缓冲时间来调和不同制度逻辑拥护者的期望，从而减少特定时间内的制度冲突压力。违抗是指明确拒绝特定制度逻辑，以忽视其观念、挑战不合理的规则等方式为战略表现。操纵是指通过控制和改变特定制度来协调冲突的制度逻辑，通过游说和笼络特定制度逻辑拥护者实现企业的目的。对制度创业及其行动的描述是该类战略的典型（Battilana et al.， 2009）。总之，妥协和回避战略是以渐进方式协调相互冲突；违抗和操纵战略是以激进方式改变矛盾的制度或创造新制度。在此基础上，Pache和Santos （2010）从制度逻辑冲突的程度及其在组织内拥护者的分布情况入手，探究上述制度响应战略的前因，发现当制度冲突有关组织目的时，组织更倾向于采用激进式战略响应制度环境；相反，当冲突有关组织手段时，组织更倾向于采用渐进式战略响应制度环境。组织内部制度逻辑拥护者越多样化和分散化，组织面临的制度冲突“张力”越大，组织所采用的响应战略越激进。

在上述学者的最新理论中（Pache and Santos，2021），他们讨论了制度响应战略对绩效的影响及需要具备的条件。第一，各类组织制度响应战略对绩效既可能会产生积极的影响（如获得合法性），也可能会产生消极的作用（如组织分裂），因此没有明确的预测效应；第二，组织制度响应战略的绩效取决于领导者是否具备与特定战略相匹配的技能。对绩效而言，领导者的游说能力与激进式制度响应战略（违抗、操纵）相匹配；相反，内部整合能力与渐进式制度响应战略（妥协、回避）相匹配。梳理Pache和Santos（2010；2021）的理论体系可以发现：①多重制度逻辑塑造的制度冲突程度是决定组织采用制度响应战略的前因；②不同制度响应战略与领导者技能匹配是提升组织绩效的关键。实际上，制度冲突有关组织目的或手段的论断反映了多重制度逻辑的兼容性，而组织内制度逻辑拥护者的分布反映了多重制度逻辑的分散度。由此，Pache和Santos（2010；2021）将组织作为分析对象，解释产生冲突制度压力的原因、结果和条件。

综上所述，制度复杂性文献将多重制度逻辑作为解释组织差异的原因。应用兼容性和分散度作为核心机制，已有研究探究了组织场域和组织特征塑造冲突性制度压力的过程，认为多重制度逻辑向组织施加冲突的制度压力，决定了组织所采用的响应战略；组织领导者技能与响应战略匹配与否，决定了组织在应对复杂制度时的绩效表现。尽管取得了上述进展，但已有文献仍然不能解释在相同复杂的制度环境下企业所表现出来的差异。无论是Besharov和Smith（2014），还是Pache和Santos（2010；2021），均将理论的重心放在了制度冲突的组织场域和组织特征来源上。

鉴于此，作为制度理论的第二个前沿分支，制度理论微观基础研究应运而生（Haack et al.，2019），从微观视角探究个体在复杂制度中的表现，成为制度理论研究的前沿领域（Lounsbury et al.， 2021）。

制度理论微观基础研究的目的是解释制度中的个体行动、人的感受以及人与宏观制度的相互作用。微观基础研究源于对宏大视角下制度理论过度抽象进而逐渐失去解释力的不满（Alvesson et al.，2019）。从广义上看，制度理论微观基础研究涉及考察行为者能动性、作用机理和分析层面三大类问题（Haack et al.，2019）。换言之，尽管同样使用“微观基础”一词，但已有文献所讨论的内容迥然不同。

首先，从“结构——能动”关系讨论行为者在制度约束下的能动性表现，其社会建构视角体现了制度化和制度变革的微观行动。文献中有关制度创业（Battilana et al.，2009）、制度工作（Lawrence and Suddaby，2006）等概念体现了该类研究。例如，使用“微观基础”一词，Powell和Rerup（2017）通过四个组织制度化过程描述个人行动与组织惯例如何塑造组织在多重制度逻辑下的变革。从能动性解析制度“微观基础”，研究将重点放在了行为者在制度化或制度变革的行为上。这一范式从行为视角（behavioral perspective）使用符号互动论（symbolic interactionism，Goffman，1959）和实践理论（practice theory，Giddens，1984）探究制度的社会建构过程，关注行为者“做什么”而非“是谁”的问题。

其次，与能动性的解读相关，已有文献探究了制度化和制度变革发生的内在机理，也被标签化为“微观基础”研究（Haack et al.，

2019）。例如，Smets等（2012）的经典研究从个人行动出发归纳出人们在制度逻辑冲突情境下完成制度变革的机制。以英德两国不同制度逻辑的律师事务所为对象，该研究发现在个人层面重塑规范网络和即兴创作两个机制以及组织场域层面的嵌入性机制，是确保个人实践最终转变为制度化组织实践的关键。类似地，Smets等（2015）发现个体行为者在面临制度冲突时采用分离、桥接等多类方式应对制度的复杂性，而对不同应对方式的平衡是组织成功的核心机制。从互动（communication）视角，有关机制的“微观基础”研究细化行为者实现制度化和制度变革的过程，在文献中为对话研究（Phillips et al.，2004）、修辞研究（Suddaby and Greenwood，2005；彭长桂、吕源，2016）和叙事研究（Haack et al.，2012）等细分领域。可见，探究多重制度逻辑下制度化的机制与能动性表现相辅相成、密不可分。尽管两类研究都在宏观研究范式下探究了行为者的表现，但其并没有区分行为者的具体形式。两类研究中的对象可能是个人也可能是抽象的组织、组织场域等宏大实体。因此，关注能动性（“做什么”）和机制（“如何做”）问题，隶属于行为者的制度响应战略范畴。

最后，对个体行为者——人的关注，是制度微观基础研究的核心（Haack et al.，2019；Lounsbury et al.，2021）。文献聚焦于认知和情感两个方面。从认知角度，现有研究探讨了人们的注意力（attention）、身份（identity）、意义建构（sensemaking）等在解释制度逻辑中的作用（Thornton et al.，2012；尤树洋、贾良定，2018），并且涌现出对个人认知特征的探索（Cholakova and Ravasi，2019）。

一方面，Thornton等（2012）在探讨制度理论微观基础时认为，制度逻辑作用的前提是人们的注意力。用Thornton等（2012）的语言，能否“激活（activation）”制度逻辑是人们行动的条件，取决于人们的注意力：人们注意力的焦点受其身份和意义建构方式的影响，进而决定人们"注意到哪些要素"。行为者身份以及意义建构是其内化制度逻辑并获得合法性的基础。类似地，将身份作为重要"过滤器"，学者发展有关个人如何通过身份匹配制度来应对多重制度逻辑的理论（Lok，2010；Wry and York，2017）。

另一方面，少数文献开始探讨相同制度下个人行动差异的来源，从深层次认知特征探讨人们的行为。例如，Cholakova 和 Ravasi（2019）提出认知性区分（cognitive differentiation）和认知性整合（cognitive integration）代表人们能否区分或整合不同制度逻辑的心理机制，决定复杂制度在多大程度上对个人产生冲突性压力。然而，该研究以复杂性认知特征解释人们在复杂制度下的行动，过于抽象难于理论化。从情感角度，以 Voronov 等为代表的学者解释人们的情感在制度工作中的作用（Voronov and Vince，2012）、对制度变革的必要性（Haack and Sieweke，2018）以及产生能动性的非理性效应（Creed et al.，2014）。例如，Voronov 和 Vince（2012）率先将情感作为核心要素纳入制度分析中，认为对特定制度的情感投入是维护该制度的必要条件，而对于打破和创新制度来说，减少对旧制度的情感投入至关重要。类似地，应用制度精神的概念（Voronov and Weber，2016），已有文献突出了情感赋予人们维护观念的力量并激励人们反思制度的能动性。综合考量认知与情感特征是全面理解个人能动性的重要研究思路（Jarvis，2017）。

2.2.2 研究应用

对集群理论进行分析发现，集群是"地理位置上相近的、在某一特定领域、具有共同性或互补性的一群相关企业和组织等组成的群体"（Porter，2000），与制度理论学者对组织场域概念的界定一致（Pouder and St. John，1996），是本书的基本分析单位。研究集群演进，则要将集群视为一个企业不断集聚的动态过程，是一个连续变动的实体（moving target，Häussler and Zademach，2007）。因此，用组织理论的语言讲，考察集群演进的内在机制，实质上就是考察一个特定类型的组织场域不断变革的过程，制度理论是有效的分析工具。

如前文所述，Pouder和St. John （1996）的核心论点是：组织场域的三个制度同构化过程导致集群在演进中逐渐失去创造力。然而，至今还没有研究对这个观点进行实证研究（McCann and Folta，2008），Tan （2006）也只是给出了一个现象描述。事实上，除了近期的少数几个研究外，即使是在制度理论研究领域内，也很少有文献对组织场域的三个同构性机制进行具体化和操作化（Maguire and Hardy，2009），而只是假设它们存在而已。因此，将制度理论有关组织场域制度化和制度性同构的观点应用到集群研究中，不仅可以解释集群演进过程中组织模式的变革规律以及由此带来的创造力的变化，而且也从实证角度对制度理论有关同构机制的操作化有所贡献。

更重要的是，组织场域中制度变化的另一面——制度创业过程，用以解释集群演进过程中重获竞争力背后的动因，是回答本书研究问题的重要理论基础。从逻辑上讲，如果集群是因为制度性同构失去创造力进而失去竞争力的话，那么，对旧制度的变革则可以使集群重获创造力，整体生命周期则表现为集群的波动。不仅如此，制度创业概念强调组织场域演进是一个矛盾的辩证过程，这一点与研究集群演进所要求的动态视角是内在一致的。另外，已有制度创业文献除了考察制度创业的动因（why）外，还考察了“行为者如何做”以及“制度会如何变”（how）等问题，但忽略了“制度改变后又如何”（so what）的问题。本书考察组织模式变革给集群研究创造力和竞争力带来的影响，从逻辑上讲，组织模式中不同部分的改变不仅不同步而且对集群的作用不同。从这个意义上说，将制度创业文献应用到考察集群演进规律的研究中，不仅对理解集群创造力变化规律有重要启示，而且也是对制度创业理论的贡献。

需要注意的是，组织制度理论将组织模式视为实现制度约束的载体，因此着眼点是组织场域中组织模式的同构化以及趋异性变革。然而，制度理论学者对组织模式一词的定义不仅过于广泛——特定制度所蕴含的价值观下被认为是合适的组织结构和实践的总称，而且看法不一致。例如，Greenwood 和 Suddaby（2006）从战略、管理、市场营销、人力资源管理、知识管理和内在价值观等六个方面反映组织模式的概念，而 Rao 等学者（2000）则认为组织模式应该包含目标、职权关系、技术和市场战略等四个核心方面。显然，如果按照类似定义，几乎所有的组织变化均可以视为是组织模式的变动而成为操作化制度变革的方法。

然而，在 Greenwood 等学者（2008）近期的评述中认为，组织理论学者应该像制度理论提出时一样，将组织模式变革的制度面和技术面区分开。他们提出，一个有效的方法是将制度理论视角与“利用式—探索式（exploitation-exploration）”组织学习理论联系起来：“就像利用式学习行为可以用制度化和合法性的观点解释一样，那些打破组织原有技术轨道（trajectories）的探索式学习行为也可能由制度创业者的行为来理解，然而，这种理论整合还有待考察（Greenwood et al.，2008）。”

显然，这里制度理论学者并不把组织的技术学习视为组织模式变革的一部分，而是将其视为两个独立的概念范畴，制度创业可能是探索式学习的前因而不是该行为本身。与这种观点一致，本书将组织模式界定为除了企业技术进步和学习的其他方面的整合，而制度创业和同构化过程中组织表现出来的变革并不是组织学习行为本身。本书将集群中的制度性变化与技术性变化区分开，不仅是对经典制度理论

（DiMaggio and Powell，1983）的回归，而且是整合制度理论和学习理论视角后对知识基础观下的集群演进规律的全面考察。因此还需要进一步理解、界定和应用已有组织学习理论的基本概念和观点。

2.3 组织学习理论

2.3.1 基本概念和观点

与制度理论强调组织非理性地迎合制度环境的观点不同，组织学习理论将组织视为适应性系统，基于计算理性（calculated rationality）持续调整自身搜寻（search）范围进而改进知识。

自 March （1991）进行开创性研究以来，利用式（exploitation）学习和探索式（exploration）学习一直以孪生概念（twin concept，Gupta，Smith and Shalley，2006）形式出现，并被广泛用于技术进步和产品创新（例如，He and Wong，2004）、战略联盟（例如，Rothaermel and Deeds，2004；Lavie and Rosenkopf，2006）、高管团队（例如，Beckman，2006；McGrath，2001）等领域，在个体层面（Miller，Zhao，Clatone，2006；Taylor and Greve，2006）、团队层面（Beckman，2006；Perretti andNegro，2006）、组织层面（Siggelkow and Rivkin，2006；Lavie and Rosenkopf，2006）、组织间层面（Wadhwa and Kotha，2006）的研究中也均有应用。学者认为，在不同情境、不同基本分析单位的研究中，对这两个概念本身的定义、关系界定及其与组织绩效的关系应该是权变的（参见 Gupta et al.，2006；Lavie，Stettner and Tushman，2010 的综述）。本书将这两个概念的内涵和基本观点归纳如下：

其一，学者对两类组织学习方式概念的界定和操作化有本质区别，导致现有研究“结论不一致和不可整合”（Lavie et al.，2010），引起组织理论学者的日益不满。根据March（1991）最初的广义界定，利用式行为是组织应用已有资源并竭力发挥效率的总称，泛指精益化（refinement）、选择（choice）、提高生产效率（production and efficiency）、完成既定任务（implementation and exexution）等活动，而探索式行为是组织从事创新性行为的总称，泛指搜寻（search）、变异（variation）、承担风险（risk taking）、试验（experimentation）、研发（discovery）、创新（innovation）等活动（March，1991）。在这种界定方式下，几乎所有维持组织内部稳定运行的活动都可以被称为利用式学习，而带有开创性质的活动都可以称为探索式学习。这种抽象的界定方式在操作层面上可以被（事实上也被）解读成不同的企业行为，显然是引起后续研究结论不一致的原因之一。

Levinthal和March（1993）进一步将二者限定为有关组织创造产品知识的活动，认为利用式学习“应用并开发企业已有知识”，探索式学习“创新企业未知的新知识”。前者贡献于组织知识的广度（scope）而后者贡献于组织知识的规模（scale）（Lavie et al.，2010）。Levinthal和March（1993）进一步指出，组织学习基于经验方式（experiential learning），采用简化（simplification）和聚焦（specialization）两个办法评价过去事实，会产生时间近视（temporal myopia，组织倾向于获取促进短期绩效的知识而牺牲长期利益）、空间近视（spatial myopia，组织倾向于向周边对象获取知识进而节省搜寻成本）、失败近视（failure myopia，组织倾向于过度鼓励成功的做法）等三类学习近视效应，表现为在长期发展中过度利用企业已有知识、忽略探索新知识，陷入“成功的陷阱”。

在本书中，我们根据Levinthal和March（1993）的思想采用狭义界定方式将两类学习限定为有关企业创新产品知识的活动：利用式学习在已有知识的基础上应用并开发新知识，而探索式学习则是企业创新未知领域的新知识。这样做不仅与该领域内的经典研究保持一致，而且与本书中有关制度和组织模式的界定方式互补，形成"理性/技术-非理性/制度"的全面观点用以理解集群的演变规律。

其二，组织理论学者对两类学习方式之间的关系界定不同，导致研究中的基本假设和命题均不一致，这里涉及如下与本书相关的三个递进性问题的探讨。

（1）虽然学者一致同意探索式学习为组织创造新知识，但学者对于"利用式学习是仅仅应用已有知识（例如，Rosenkopf and Nerkar，2001；Vermeulen and Barkema，2001等的观点）还是也能为组织创造新知识"看法不一致。本书采纳March（1991）和Gupta等（2006）的思想，认为利用式学习是建立在组织已有知识基础（knowledge base）上的技术改进活动。因为现实中没有情境完全一致的组织或组织内子单元，所以利用式学习也多多少少会在组织原有知识的基础上添加一些新知识，只不过是增加知识的类型和性质与探索式学习有区别。

（2）如果利用式学习也创造新知识，那么判定两类学习的界限和标准是什么？根据Lavie等（2010）的观点，本书认为，利用式学习是建立在组织"已有技术轨迹（technological trajectory，Lavie et al.，2010）"上的创新，是对已有技术和知识的深化和延伸，而探索式学习是脱离组织已有技术轨迹，另辟新生产技术的活动。这一点与Levinthal和March（1993）最初有关"利用—探索"学习创新知识的经典定义一致。

进一步，这种"新技术轨迹"是相对谁的呢？这实际上涉及研究层面和组织学习相对性的问题（Lavie et al.，2010）：一个人或一个部门的探索式学习可能是其所在组织的利用式学习（Gupta et al.，

2006）——个人利用更大范围内已有知识的利用式学习，是建立在经验基础上的。一般来讲，以企业为基本分析单位时，“利用—探索”学习是相对于企业整体来说的，这一点对于本书在集群情境中应用这两个概念尤为重要：对于集群内企业层面的探索式学习，可能是集群层面的利用式学习。

（3）多大程度的“新技术轨迹”才算“新”——探索式学习？这涉及如何看待两类组织学习的关系：将它们视为彼此排异的（mutually exclusive）、处于同一连续体的两端，还是彼此正交（orthogonal，指独立存在，可以分别操作）的两个概念？

已有研究没有一个一致性的结论。

根据March（1991）最初的界定和Lavie等（2010）的建议，本书认为，将两类学习方式视为连续体的两端，是与上述对二者的定义和内涵解释更为一致的。一方面，任何学习方式以企业已有知识基础为参照点，是连续体上的某一点，越靠近利用式学习一端，则新知识对已有知识的依赖性越大，而越靠近探索式学习一端，则新知识越是脱离了已有的技术轨迹。因此，这里“新”的标准是以“是否脱离已有技术轨迹”为标准的，与本书上述界定一致。另一方面，以连续体的方式界定两类学习的关系，可以体现出组织学习的动态特征：特定实体（个体、组织、集群、社会等）在某个时点的探索学习，在下个时点就成了这个实体的利用学习，反之亦然。在长时间内过度地向某一个端点靠近，则表现为两类学习的“陷阱”。过度利用式学习会快速消耗企业已有知识并形成锁定效应（lock-in）和惰性（inertia），导致“成功陷阱（success trap）”（Levinthal and March，1993），而过度探索式学习会因为长期投入过高的实验成本进而错过利用知识的机会导致效率低下，表现为“失败陷阱（failure trap）”（Levinthal and March，1993）。因此，决策者要在两类学习行为间权衡、合理分配有限资源，这与March（1991）的经典理论观点一致。在后续研究中，Gupta等（2006）对这种观点进行了发展，当满足一定条件时，可以正交的方式定义两类学习的关系，进而产生了对组织实现平衡两类学习方式的不同观点，学者对组织二元的讨论也观点不一。

其三，二元性（ambidexterity）是指组织能够同时融合利用式学习和探索式学习的状态（Tushman and O’Reilly，1996；Gibson and Birkinshaw，2004），这个概念建立在两类学习内在张力（tension）的基础上，其目的是解决组织“如何兼得两类学习”的问题。因此，对两类学习方式关系的理解，决定了组织平衡二者的方式及其背后的机制（Gupta et al.，2006）。

（1）如果两类学习所要求的资源相互排异并且组织资源有限，则应该与March（1991）最初的界定一致，将其视为一个连续体的两端。此时，达成兼备两类学习的方法是在二者间进行取舍（trade-off）：组织在一段时间内只能从事两类学习中的一种，在长期则表现为两种学习方式间的不停切换，被称为“时间序列区隔”（Lavie et al.，2010），其背后机制是“间断均衡模型（punctuated equilibrium model，Tushman and Romanelli，1985；Tushman，Newman and Romanelli，1986）”的动态演进思想：组织在长期内从事渐进式技术改进，表现为稳定和持续发展，当外界环境变化时，组织则要寻求技术突破，表现为短时间内组织的剧烈变革。因此，利用这种方式达到“利用—探索”学习平衡的挑战，来源于组织是否能在长期发展过程中在不同学习方式间顺利转换。可见，这是一类平衡两类学习方式的分离式方法（differentiation），分离依据是时间。

与上述观点不同，Gupta等（2006）认为，当两类学习方式所需要的资源并非严格排斥，并且组织内部资源并不总表现为不足时，可以通过结构设计和内部整合，而非“间断均衡”的方式，同时进行两类学习。这种兼容方式实际上是把两类学习视为独立的两个维度（例如，Rothaermel and Alexandre，2009；Groysberg and Lee，2009），是组织二元性（Tushman and O'Reilly，1996）概念提出的初衷。具体地，已有研究总结了三种达成组织二元性的方法：情境安排（contextual ambidexterity）、结构设计（structural ambidexterity）和领域组合（domain ambidexterity）。

（2）情境二元性是指组织通过社会化过程，从文化和价值观方面入手，培养企业内部同时从事利用式学习和探索式学习的氛围，使个体员工或组织有意识地同时在两种学习活动上分配个人时间和精力（Gibson and Birkinshaw，2004；Raisch and Birkinshaw，2008）。在提出情境二元性概念的研究中，Gibson和Birkinshaw（2004）发现，组织内部关注生产和效率的硬性规则制度和组织成员间信任氛围等软性因素的交互作用对业务单元绩效有积极影响。可见，情境二元性是通过组织文化，以整合式方法达成企业在各个业务单元内部两类学习方式的兼得。因此，一般来讲，这个概念应用在以个体或团队为基本分析单位的研究中。

（3）企业可以通过对结构设计——在不同业务单元内实现不同的组织学习，而在业务单元之间进行整合，其被称为结构二元性（structural ambidexterity）或“组织区隔”（organizational separation，Lavie et al.，2010）。这是平衡两类学习方式的另一种分离式方法（differentiation），分离依据是组织内的业务单元。

在这种二元性思想中，企业内部达成两类学习的平衡高度依赖于不同业务单元间的协调和整合，因此高管团队发挥着重要作用。除此之外，在近期的研究中，学者也开始认为中层管理者间的联系（Taylor and Helfat，2009）和业务单元间的松散连带结构也是决定结构二元性效率的关键因素（Fang，Lee and Schilling，2010）。

（4）虽然刚刚起步，但组织学习理论学者认为可以通过对组织的行为领域进行有效分离进而达到两类学习方式间的平衡，这称为“领域分割”（domain separation，Lavie et al.，2010）。在对企业联盟的研究中，Lavie等学者（2006）发现，企业联盟伙伴选择在功能（与产业下游营销网络联盟和与产业上游研发企业联盟）、结构（与已有伙伴保持联盟关系和寻求新联盟伙伴）、伙伴属性（与已有联盟伙伴的相似性和差异性）等三个领域均存在权衡“利用—探索”的内在张力，企业通过在各个领域内部只从事某一类活动，而在各个领域之间保持二者的平衡方式达成组织二元性。例如，企业通过持续与已有伙伴建立产品研发领域的联盟关系，既可以利用已有联盟间沟通和协调的知识，同时也开发了企业的新产品，表现为在功能领域和结构领域之间的学习方式平衡。这种观点是平衡两类学习方式的第三种分离式方法，分离依据是组织的行为领域。

总之，已有“利用—探索”学习概念以及由此延伸出来的组织二元性理论框架十分繁杂、结论不一。如何界定两类学习的概念内涵和实现平衡的机制，取决于研究的基本分析单位、研究对象的结构特征以及两类学习对资源需求的替代程度等因素（Gupta et al.，2006）。因此，本书有必要基于上述观点进一步界定产业集群两类组织学习的概念内涵和平衡机制。

2.3.2 研究应用

在本书中，企业集群的利用式学习和探索式学习如何界定呢？如上所述，本书将“利用—探索”学习聚焦于特定实体（entity，个人、组织、集群、社会等）基于算计理性（calculated rationality）的、技术性的创新和知识增加方面的活动。在不同层面，这两个概念是相对的（Lavie et al.，2010）：某个集群企业的探索式学习可能对于整个集群来说是利用式学习——因为没有脱离集群已有的产品技术轨迹。因此，“越是在以宏观系统为基本分析单位的研究中，越容易在日常规范（routine）中观察到学习新知识”（Gupta et al.，2006）。本书以集群为基本分析单位，集群“探索—利用”学习的划分依据是：发生在集群内特定的组织学习行为，能否为集群整体带来脱离集群已有技术轨道的创新性知识。如果能，则是集群的探索式学习活动；如果不能，则是集群的利用式学习活动（尽管大多时候对于其中一些组织来说，是探索式学习活动）。一般地，因为集群概念本身有地域性范围的内涵，所以集群探索式学习一般表现为在某一特定地理范围内出现以往从没有过的产品生产技术和知识，并且这种技术脱离了集群已有的技术轨迹——对已有知识的依赖程度小。本书认为，这种定义方式能够充分反映出本书有关集群学习动态性和复杂性的特征：从整个产业（空间维度）上看，特定集群的探索式学习可能是整个产业（全国或全世界范围内）的利用式学习，而集群成员企业（特别是跟随者）的探索式学习可能是集群整体的利用式学习；从演进历程（时间维度）上看，集群成长中上一个时期的探索式学习，可能成为下一个阶段的利用式学习。

毋庸置疑，集群作为一个系统，整体知识由其成员企业的学习行为和互动决定，集群演进中体现出复杂的企业集聚和学习方式的转变。因此，考察集群整体创造力和竞争优势的波动规律，则必然要考察集群作为整体系统的两类组织学习方式间的平衡机制。

那么，本书应该如何看待集群整体实现两类学习方式的平衡呢？

根据Gupta等（2006）的建议，如果以单个、微观系统（如个体、部门）为基本分析对象，则系统中的资源对两类学习方式的分配的排异的符合March （1991）等学者对此概念的最初假定，应该把两类学习方式在该系统中视为相互排异的两端，采用“间断均衡”模型

（punctuated equilibrium）理解其平衡过程；相反，如果以由多个松散联系的子系统（multiple and loosely connected）构成的系统（部分企业和行业）为分析对象，则整个系统的资源可以在一定时期内分别分配在从事不同学习行为的子系统内部，应该把两类学习方式界定为正交关系，组织二元性是理解学习平衡的内在机制。这种界定方式符合Benner和Tushman对组织二元性概念的经典解读和基本假设："二元性的组织是由高度异质化但松散整合的子单元所构成的"（2003）。显然，这与March（1991）最初对"利用—探索"的界定和假设不同，也成为Gupta等（2006）的研究基础。

然而，如Gupta等（2006）所言，在宏观层面应用组织二元性的观点，虽然将Benner和Tushman（2003）有关二元性的逻辑直接由单个组织层面推广到宏观组织系统层面，但是要保证这个组织系统的内部各子系统的结构是松散联系（loosely connected）的，一般表现为必须同时满足以下三个条件：①"各司其职"的单个组织间活动高度互补——两类学习在宏观系统中可整合（connected）；②长期从事探索式学习的组织环境是高度变化的，长期从事利用式学习的组织环境是高度稳定的——两类学习在宏观系统中可分离（loosely connected）；③从事两类学习的组织互补时成本足够小，使各自即使在长期也会因为只从事一类学习而有利可图。相反，如果产业/集群中各子系统是紧密联系（tightly connected）的，即单个组织间活动高度联系，进而对于整个宏观系统来说两类学习方式总是此消彼长的，则满足March（1991）对两类学习方式最初"互相排异、争夺有限资源"的基本假设，此情况应该以"间断均衡"模型作为理解宏观组织系统实现学习平衡的机制。

本书的对象是作为一类组织生态系统（ecosystem）的产业集群，其成员企业之间的联系是紧密的。由此，从集群层面上看，本书采用连续方式看待两类学习的关系，进而以时间分割方式考察两类学习行为在集群整体的转换（switch）。在企业层面，集群不同企业在同一时点可能表现为在利用和探索学习行为上“各司其职”，而在长期内表现为企业不同学习行为间的转换。因此，为了从企业知识视角考察集群演进背后的动态机制，本书不仅需要纳入组织学习视角，而且要考察其在集群层面的影响。

2.4 市场转型理论

已有产业集群理论主要基于西方社会的观察发展而来，建立在成熟市场经济的情境假设上。中国自改革开放以来经历了大范围的经济体制转型，为本书从制度和学习整合视角考察集群演进规律提供了先天土壤。本书有必要引入市场转型理论作为背景知识，进一步理解中国转型社会的情境特征。

2.4.1 基本概念和观点

作为社会学家，在论及中国社会体制转型时，Nee（1996）引用Polanyi（1957）的观点认为：新古典经济学及其分析范式先验地假定经济系统中存在市场协调机制是有失偏颇的。在不同社会体制下，商业系统运行所遵循的规则迥然不同（Polanyi，1957）。对不同社会历史的观察表明，人们协调经济行为不仅可以利用基于明确法理框架促进买卖双方直接交易的市场方式（market，Polanyi，1957；Kornai，1980），还可以利用命令体系协调商品生产和流通的“计划—分配”体制（redistribution），以及利用信任和互惠（reciprocity）等人际协调方式等（Homans，1950；Sahlins，1972）。中国以改革开放为起点，经历了由计划经济向市场经济的转变。中国商业系统（business system）用以协调企业间交易的方式也发生了根本转变，由以行政命令为基础的“计划—分配”方式逐渐转为自由贸易的市场交易方式和/或基于信任和互惠的人际协调方式。

以Nee等人为代表的社会学家从国家层面上研究了这个过程（Nee，1989；Nee，1992；Boisot and Child，1996；Nee，1996；Nee and Matthews，1996；Nee and Cao，1999；Nee，2004；Nee and Opper，2012）。在他们的理论体系中，市场权力（market power）、市场激励（market incentive）和市场机会（market opportunity）是构成市场转型理论的三个主题。

市场权力主题讨论社会权力分配，认为中国在经济转型过程中，中央集权逐步分权到地方政府，计划经济体制下由中央政府发布行政命令“收购—再分配（collect-redistribution）”的商品交易模式（Polanyi，1957），转变为地方政府干预结合企业协商的类市场（market-like）模式。由此，中国整体社会层级秩序（underlying stratification order）发生变化，由高度中央集权的社会结构向省、市、镇、村等各级地方政府主导的明确阶层社会延伸，各级地方政府掌握越来越多的地方性资源并享有由此带来的权力和利益。

市场激励主题讨论转型经济中企业产权结构和治理方式的转变，认为随着经济转型，企业产权逐步由不明晰的国家公有制向地方政府集体所有制过渡，再转变为明确的私人所有制。商品价格不再是基于国家命令系统中的固定价格，而是基于经济主体间的协商而被确定（Nee and Matthews，1996）。企业财产权转变的直接结果是激励个人或组织愿意并努力从事生产经营活动以及获取劳动所得（Nee and Opper，2012）。

由此带来了市场机会主题，认为因为产权逐步私有化，市场化转型给中国社会的商业系统中增加了更多的激励、更多商品流通和交易渠道，使社会经济流通能力（socioeconomic mobility）提高，脱离计划—分配体制下僵硬的经济体系。更重要的是，从整个国家层面上看，这种转变在全社会范围内并不同步，在企业产权结构改变彻底的地区，市场化程度较高、政府干预企业行为的程度较小。这种经济转型不同步现象，被 Nee 和 Cao （1999）称为国家制度变革的路径依赖性。

基于这三个主题，Nee的理论体系集中探究中国社会转型过程中企业组织模式变革的问题，并将这种全国范围内的企业组织模式演变视为国家层面经济制度变革的表现（Nee and Opper，2012）。基本结论是，自改革开放以来中国社会整体经历了分权至地方政府的过程，各级地方政府逐步掌握大量企业生产所必需的资料，进而形成了明显的地方社团主义（local corporatism，Nee and Cao）。尤其是东南沿海地区农村的地方政府，在经济活动中占据着越来越重要的地位。这直接导致了在中国商业系统中出现一种介于计划经济社会的国有企业和西方纯粹市场经济社会中私营企业之间的特殊组织模式——市场化导向的集体所有制（Nee，1992，2004；Boisot and Child，1996），集体所有制企业简称集体企业，与经济转型过程中逐步发展出来的私营企业并称为“乡镇企业”（Nee，1992）。

其一，集体企业组织模式兼具计划经济和市场经济时期组织模式的双重特征。这首先表现为集体企业的产权是模糊的。其次，集体企业兴起于广大的中国沿海地区的农村地区，初期是在国家计划经济体制外的补充性经济成分，其合法性低并依赖于不健全的劳动力和商品市场（Nee，1996；Nee and Opper，2012）。集体企业在获取原材料和产品等环节，仍然保有计划经济时期国有企业的行政命令体系，并以“计划—分配”方式获取生产材料。与此同时，集体企业也参与到逐步开放的产品市场中，以市场规则交易原材料和产品，被称为混合组织模式（hybrid forms，Nee，1992）。

其二，与国有企业和私营企业相比，集体企业在中国经济转型社会早期是最有效的组织模式。从交易成本角度看，由于地方政府将工业产值作为税收的重要来源，集体企业参与并创造在计划经济体制外的商品流通渠道和商业机会，其灵活性比国有企业高，表现出明显的高活力和较低的交易成本。同时，由于在中国社会整体转型过程中并没有明确的法理框架定义企业产权归属（Nee and Opper，2012），集体企业对政府资源的依赖和企业行为的自由度（autonomy）要小于私营企业，导致其交易成本要高于私营企业。从合法性角度看，集体企业模式的合法性要高于私营企业。所以，从国家层面综合来看，在经济转型时期国有企业拥有合法性但交易成本过高，而私营企业有较低的交易成本但缺乏合法性。自然地，由经济转型催生出来的集体企业模式成了中国转型社会早期特殊制度环境下最优的组织模式。

其三，在中国社会转型过程中，国有、集体与私营经济成分共存，其比例随着市场化程度的加深而变化。集体企业和私营企业兴起于中国东南沿海地区的广大农村工业，被统称为“乡镇企业”（Nee，1992）。随着转型经济中市场机制、法理框架和产权制度的逐步建立和明确，集体企业模式赖以生存的制度环境发生了改变。其结果是，私营企业组织模式以其高度的灵活性和对自身利益的追求等特点，逐步代替了集体企业模式。与Nee等学者的观察一致，Boisot和Child（1996）的转型经济理论也看到了在20世纪90年代中期中国社会三种组织模式并存。作为Nee（1992）理论的发展，Boisot和Child（1996）不仅认为集体企业模式在产权模糊的转型经济期更有效，而且认为，当产权界定逐渐清晰和市场化程度增高时，私营企业模式会代替国有企业模式和集体企业模式。从20世纪90年代中期开始，国有企业的产权体制改革使企业产权逐步清晰，全社会范围内的国有企业开始向私营企业转变（Nee，2004）。Nee和Opper（2012）对中国长江三角洲地区的最新研究证实了这一点，私营经济已经取代集体经济成为中国最有活力和最主要的经济成分。

值得注意的是，与国有企业改革不同，在农村经济中的这种变革过程并非由地方政府事先计划和执行，而市场化体制完善和产权明晰则带来了私营企业的繁荣以及在经济转型后期的表现。更重要的是，私营企业的兴起繁荣了中国社会市场，是源于追求市场利益的经济主体及其强大的社会经济活动能力，这一点是在经济转型初期"始料未及的成功"（unexpected success，Nee and Matthews，1996）。

其四，从国家层面看，各地区的经济改革进程、市场化程度和经济行为差异显著。中国社会的经济体制改革首先表现为社会权力分层明确，各地方政府所发挥的作用不同，导致不同地区的市场化程度和地方社团主义程度有所差异。一些地区（内陆地区、北方省份）仍然保有计划经济时期公有制产权和生产资料再分配等企业特征（redistribution），而另一些地区（沿海地区、南方省份）则以私营产权和市场经济体制占主导地位，被Nee和Cao（1999）等学者称为国家制度变迁的路径依赖。

2.4.2 研究应用

对中国转型社会的研究分析发现，国家权力分层、企业组织模式及其变革和地方社团主义等三个核心观点与本书从组织学习和制度理论视角考察产业集群演进规律密切相关。

其一，如前所述，中国市场化改革始于中央政府分权以及由此带来的各级地方政府权力范围扩大，表现为中国东南沿海广大农村地区的集体工业经济蓬勃发展。以江苏省为例，至1987年，乡、镇集体工业经济占整体经济总量的比重为90%（Huang et al.，2008），乡、镇各地方政府主导地方工业发展并以地方产业税收为主要财政来源，乡镇集体产权应运而生。在本书中，这种现象是指在特定地理范围内（如特定的农村区域）地方政府在宏观制度约束放开条件下，在组织场域层面上的制度创业行为。本书认为中国市场化改革是考察中国情境中产业集群发源并不断积聚的条件和情境。

其二，进一步地，从国家层面看，企业组织模式在由国有企业、集体企业向私营企业转变。以Nee、Boisot和Child等学者为代表的一系列研究（Boisot and Child，1988；Boisot and Child，1996；Nee and Opper，2012）预测并证实，随着企业产权进一步明确和市场化程度不断提高，私营企业会代替集体企业成为最主要的经济成分。从1993年到2002年，全国乡镇集体企业由169万家减少到73万家（Nee and Opper，2012），而私营经济比重越来越大。更重要的是，虽然上述转变在开始阶段是由中央政府分权导致的，但其结果却是在中国社会的市场化进程中无意发展出来的。这种将中国民营经济发展历程称为“由下至上的变革”（Nee and Opper，2012）的观点，与制度理论中将组织场域的制度化和制度创业视为社会建构（social construction）过程是内在一致的，即社会现实中的主体构建了他们赖以生存的制度环境并不断变革。在中国，本书将产业集群内组织模式变革视为组织场域的制度化或制度创业的社会建构过程，需要以上述观点（由下至上的变革，Nee and Opper，2012）作为背景知识，其是探究集群演进和竞争力波动的基础。

其三，更进一步地，地方社团主义的观点要求我们深入研究特定集群的特殊地方性经济行为特征，刻画出该集群的具体演进轨迹，进而抽象出有关集群演进规律的理论框架。如上所述，中国不同地区的经济转型步伐和市场化程度迥然不同，存在明显的地方社团主义现象，也被称为国家层面经济改革的路径依赖。在中国缺乏明确法律框架的经济转型过程中，由私人企业在日常互动中逐渐发展出来的地方性规范是特定地方组织间协调的主要手段（Nee and Opper，2012）。Nee和Opper（2012）的最新研究发现，即使同样处于长江三角洲地区，不同地方的工业经济也存在差异。对本书而言，我们基于新组织制度理论，研究层面是作为一类组织场域的产业集群，制度一词特指在该集群层面的组织实践规范和约束，认为集群中的企业组织模式变革是集群制度变革的体现。因此，地方社团主义的观点对在中国情境中抽象出有关产业集群演进规律尤为重要，只有深入考察特定区域内的经济主体行为，才能描绘出该集群的具体发展轨迹，并不能将转型经济理论的一般性结论泛泛应用于某个特定集群的分析。

2.5 小结

对知识视角下的产业集群文献（Pouder and St. John，1996；Maskell，2001；Maskell and Malmberg，2007；Tallman et al.，2004；Arikan，2009）分析发现，无论是从经济地理学视角还是从组织与管理学视角看，已有理论都过分强调了静态分析的范式，而忽略了产业集群演进过程背后的复杂性和动态性。仅有涉及集群演进机制的文献（Pouder and St. John，1996），因为其高度复杂而缺乏实证研究（McCann and Folta，2008），并且其中的部分论断与对现实的观察不符，因此成了集群现象研究的重要发展方向和议题（McCann and Folta，2008；谭劲松、何铮，2007）。

虽然用词不同，但既有文献不约而同地指向了一个可能行之有效的方法：将产业集群视为一个组织场域，应用制度理论的观点解释集群成长背后的机制问题。然而，已有集群文献并没有对上述问题给出一个现成的答案。另外，从知识观出发建立一个知识视角下的集群理论，需要解释“既然企业为了获取知识而集聚，那为什么在集群发展和演进过程中会表现出明显的波动，集群内为了获取知识而产生的学习行为是如何变化和波动的”等逻辑上的问题。因此，需要将组织学习理论作为工具，纳入到知识视角下的集群演进理论分析中。

对制度理论（DiMaggio and Powell，1983；Sccot，1995；Seo and Creed，2002；Greenwood and Suddaby，2006；Greenwood and Hinings，1996）的和对组织学习理论（Levitt and March，1988；March，1991；Levinthal and March，1993；Tushman and Romanelli，1985；Gupta et al.，2006；Lavie et al.，2010）的系统分析发现：①制度同构化和制度创业这对辩证和矛盾的过程是解释组织场域中制度变革的关键概念，而制度的变革会以其框架下的组织模式作为载体而表现；②组织的学习行为是通过其组织模式而发生和实现的，受到组织所在场域中的制度性力量的影响。而探索式和利用式两类组织学习方式因为创造不同类型和性质的组织知识而对组织短期和长期竞争力产生重要影响。

本书将产业集群作为一个整体：一个组织场域（用制度理论的语言来讲）和一个学习实体（用组织学习理论的语言来讲），在集群层面上界定集群的两类组织学习行为并纳入制度理论作为基本的分析工具，考察集群演进过程中知识和竞争力的变动规律和路径。这一做法是符合逻辑的并回应了已有集群理论发展的号召（McCann and Folta，2008）。

从方法论的角度看，为了回答本书的问题，本书的研究设计必然是一个纵向的、将时间维度考虑在内的分析范式。一般而言，产业集群的演进是要经过十几年甚至几十年的。因此，本书有必要对研究的情境进行进一步的理解。为此，本书系统回顾了有关中国经济社会转型的理论研究成果，并将其中的国家权力分层、企业组织模式及其变革和地方社团主义等三个核心观点作为在中国情境中产业集群演进的背景知识。这一点从本书的案例研究设计和对集群的情境描述中可以看得出来。

第3章

研究方法

本书的目的是整合组织的制度理论和学习理论构建知识观视角下的集群理论，从而解释集群竞争力和演进背后的复杂机制。从方法论上看，需要采用基于过程观（process approach）的研究设计。因此，本书采用一个纵向的定性案例研究，回答有关过程（how）和机制（why）等理论问题（Yin，2003）。本书所选取的案例是江苏省一个典型的乡镇制造产业集群，其超过30年的发展历程，跨越了计划经济后期和整个市场转型时期，经历了两个周期的发展，发展与变革轨迹清晰生动。这段时间的集群演进和发展，符合本书中基于制度理论和组织学习视角的理论建构需要。以下三个小节分别阐述了案例的研究情境及适用性、数据收集过程和数据分析过程，并将数据分析结果分别以案例研究和理论建构分章呈现。

3.1 研究情境及适用性

为考察产业集群在成长过程中的复杂动态机制，本书所选案例满足两点：长期的发展历程和明显的竞争力波动循环。自改革开放以来，工业和商业迅猛发展，在中国的东南沿海地区已经初步形成了较为明显的“块状经济”区域（Nee，1992），其符合本书对产业集群现象的界定范围。从第2章对中国转型经济理论的分析可以看出，农村地区所发展出来的乡镇企业构成的产业集群具有典型的代表性。由此，本书选择一个典型的乡镇产业集群进行扎根式（grounded theory building，Glaser and Strauss，1967）研究，构建有关产业集群成长和发展的演进理论。参照Zietsma和Lawrence（2010）以及Greenwood和Suddaby（2006）等学者的经典报告方式，以下介绍本书研究的案例集群在其40余年的发展历程中的社会情境、概况和关键事件（见表3-1），并阐述该案例的理论适用性。

表3-1　**DY眼镜制造产业集群的社会情境、概况和关键事件**

年代	社会情境	概况	关键事件
20世纪60年代末至1978年	自1970年，社、队工业开始发展：社、队具有办企业审批权，直接由地方公社审批决定，后者成为创办乡镇企业的管制机构	产业集群竞争力缓慢提升：DY县开始兴办社、队集体眼镜厂，作为上海、苏州等地国营眼镜厂补充，是集群的形成时期 产品技术含量低：镜片产品为玻璃镜片，手工磨片加工，镜架主要以黄铜为原材料 产品销售方式：收购到钟摆批发站统一在全国范围内调拨和再分配；供销员在全国范围内推销 企业组织模式：乡镇集体企业刚刚起步，逐步发展	➢20世纪60年代末开始，一批从上海、苏州国营眼镜厂的技术工人返乡DY县，开始尝试制造眼镜 ➢1971年，DY县各公社建立工业办公室，是包括眼镜企业在内的管理机构 ➢20世纪60年代末至1978年，DY县内相继创办DY县第一、二眼镜厂、DY县儿童眼镜厂、DY县第三眼镜厂、DY县第十一眼镜厂等集体眼镜企业 ➢1973年，DY县ST公社眼镜厂（现A集团，产业集群龙头企业）成立，加工玻璃镜片

续表

年代	社会情境	概况	关键事件
1979—1987年	至20世纪80年代末，中国由计划经济时期以国有商业为主干构成，到有计划的商品经济，过渡到市场经济为主的形态 1980年，DY县首次召开全县、社工业代表大会 1985年，DY县第二工业局颁布《关于乡镇企业干部、职工的报酬与经济效益直接挂钩的试行办法》，在乡镇企业中试行“六定一奖，联利计酬”的承包经营责任制	集群竞争力快速提升：集体眼镜厂数量增多，规模变大。集群整体被誉为中国“眼镜之乡”，其中眼镜厂集聚的ST镇成为DY首创销售突破亿元的乡镇 产品生产技术提升：镜片为普通光学玻璃镜片，高速磨片机代替手工磨片，提高生产效率 产品销售模式：产业集群吸引大批眼镜商贩，国内最早的眼镜市场在DY成立 企业组织模式：集体企业模式主导产业集群	➢1983年开始，产业集群内开始出现眼镜商贩 ➢1984年，DY县第一眼镜厂规模扩大，改名为ZJ市眼镜厂 ➢1985年，眼镜产业的各乡镇企业不同程度采取厂区直销、外地推销、网点销售、专卖店营销等销售方式 ➢1985年，中国轻工业部在DY召开第一届中国眼镜协会会员代表大会，“中国眼镜协会”在DY成立，标志着产业集群竞争力提高 ➢1986年，全国最早的眼镜交易市场——华阳眼镜市场——在DY成立 ➢1987年，新建云阳眼镜交易市场 ➢1987年末，产业集群中的产品同质化表现严重，产生激烈的产品价格战

续表

年代	社会情境	概况	关键事件
1988—1991年	1988—1991年，DY地区整体经济呈现出明显的负增长 1990年6月，国务院颁布《中华人民共和国乡村集体所有制企业条例》，确定乡镇企业地位，保障乡镇企业合法权益 1991年，DY市开展一系列发展乡镇企业的激励办法，对具有一定规模企业的厂长分别给予享受正副乡镇级、乡镇工业公司经理的待遇	集群竞争力下降：集体眼镜厂从亏损到停产 产品技术不变：玻璃磨片加工、镜架为低档金属，相对落后 产品销售模式：仍然以眼镜市场为平台 企业组织模式：乡镇集体企业模式合法性高，但*开始出现*小型眼镜生产企业	➢ 1988年开始，国外眼镜产品进入中国市场，DY产业集群因工艺落后、产品档次相对低下，在激烈竞争中处于劣势 ➢ 1988年末，ZJ眼镜总厂在竞争中难以为继，被迫分为ZJ眼镜总厂、DY市精密机械厂、A公司和ZJ眼镜厂 ➢ 1989年，华阳和云阳眼镜市场合并，改名为DY眼镜市场 ➢ 1989年，眼镜产业乡镇、村办集体企业的产量、产值下降；开发区眼镜产品因为技术含量低、企业管理水平低，在日趋激烈的竞争中逐渐走入低谷 ➢ 1989年，随着乡镇集体眼镜厂倒闭，工人开始离厂创办小型眼镜生产作坊 ➢ 1991年，乡镇集体眼镜厂全面停产，大伯镇境内眼镜厂已寥寥无几，ST镇内仅剩两家：眼镜总厂和眼镜二厂，其中总厂全厂人数不足100人

续表

年代	社会情境	概况	关键事件
1992—1998年	1992年年初，邓小平南方谈话发表后，“抓住机遇，加快发展”成为DY市人民的共识。为进一步深化企业改革，放开、搞活企业，逐步实行放开经商，企业的自主权进一步扩大 1993年，市委、市政府提出外向型经济作为重点战略来抓 1998年，对全市集体企业的改制基本结束，呈现出来的经济活力则更强，对镇、市经济发展的贡献更大	集群竞争力缓慢回升：领头企业人数、产值和效益回升，集群出现中外合资和私营眼镜企业 产品技术革命性转变：集群领头企业自主研发树脂镜片产品 产品销售方式多样化：由国内销售转变为国内和国外结合，开始表现为企业代工的OEM 企业组织模式：中、外合资组织出现；至1998年，集群所有企业均为私营企业	➢ 1992年，DY眼镜二厂创办江苏B光学有限公司，成为集群内首个中外合资企业 ➢ 1992年，A公司获得独立法人资格 ➢ 1992年，A公司邀请韩国镜架工程师设计新产品；同年年末，首次参加中国香港眼镜展并获得眼镜架产品订单 ➢ 1993年，A公司首次参加美国洛杉矶眼镜博览会；同年，筹备研发树脂镜片产品 ➢ 1994年，A公司在国内率先成功研发出CR-39树脂镜片产品，并设立生产线批量生产 ➢ 1998年，眼镜产业集群集体企业均为私营企业

续表

年代	社会情境	概况	关键事件
1999—2006年	20世纪初，市委提出“做大做强”战略口号，同时将大批中、小企业纳入经济发展轨道、扩大经营规模 农村改革方针政策贯彻落实：大力推进农村全面改革，推进体制创新，扩大对外开放，发展非公有制经济 至2003年，全市工业经济呈现三个特点：规模企业带动效果明显，外向带动成果明显，个私经济发展迅速 至2005年，DY全市全面实施“外向型经济”和“民营经济”两项战略，成为经济发展的主要政策导向	集群竞争力快速提升：树脂镜片生产企业增多、规模扩建，成为“中国眼镜生产基地” 产品技术整体由玻璃镜片转变为树脂镜片：树脂镜片生产技术充分扩散、改进、成熟 销售模式：集群整体以“白包装”方式卖产品，以国内销售和OEM为主体，少数集群先行者开始品牌实践 企业组织模式：私人产权企业占绝对主导，“做产品”是眼镜生产企业的内在价值观	➢ 2000年，产业集群整体镜片产品生产技术更新换代 ➢ 2003年，中国眼镜工业园被列为省级乡镇工业小区，启动建设 ➢ 2003年，A公司被江苏省科技厅命名为“江苏省高新技术企业” ➢ 2004年，DY眼镜行业科技公共服务平台承担单位——DY市精通眼镜技术创新服务中心成立，并于2005年由A公司出资组建，是江苏省科技厅、财政厅制定的“区域性中小企业专业技术创新服务中心”试点单位 ➢ 2005年，DY眼镜商会建立独立办事处 ➢ 2005年，一批完成原始积累的眼镜生产企业进入“二次创业”高峰期，出现了一股建厂房、添设备的热潮 ➢ 2005年12月31日，A荣获中国眼镜行业首个“中国驰名商标” ➢ 2006年，DY眼镜集群荣获“中国眼镜生产基地”称号

续表

年代	社会情境	概况	关键事件
2007—2012年	市场经济体制中，“外向型经济”和“民营经济”两项政策性战略持续表现为主要经济政策 DY市、镇等地方政府对商业系统的职能转变为间接性指导、支持和服务 DY地区的商业体系中开始产生知识产权基本观念和企业品牌意识 中国制造业整体开始由“中国制造”向“中国创造”转变	集群竞争力平缓发展阶段：树脂镜片产品价格战导致利润降低企业规模化发展步伐减慢 产品技术：整体趋于同质化，至2012年，树脂镜片产品利润接近零，少数先行者开始引入高折射率镜片技术 销售模式：集群整体从“白包装”方式卖产品向自主品牌实践和区域品牌实践过渡，以国内销售和OEM为主体 企业组织模式：企业内在价值观从“做产品”开始过渡为“做品牌”至2012年，集群以整体名义实行区域品牌战略转型	➢2007年，DY市眼镜商会举办的“创品牌，谋发展”专题座谈会 ➢2008年，DY眼镜产业获得“中国眼镜出口基地”称号 ➢2009年，DY市政府授权DY眼镜商会以集体名义申报江苏省首批“产业集群品牌培育基地”，2010年通过认证，正式揭牌仪式在DY市眼镜商会办公楼举行 ➢2009年，江苏CH光学有限公司被认定为“中国驰名商标” ➢2010年，A公司与日本三井化学在高折色率树脂镜片产品原材料方面合作同年，A光学与法国依视路集团组建合资企业，在镜片领域展开深度合作 ➢2011年，江苏明月光电科技有限公司和江苏远大光学科技有限公司分别获得“中国驰名商标”称号 ➢2012年，DY市眼镜商会申报的“DY眼镜”集体商标正式通过“江苏区域名牌”认证 ➢2012年，市政协举行“中国DY眼镜文化节”专题协商会

本书选择的案例是江苏省DY市的眼镜产品制造业产业集群。该集群以DY市作为集聚区域，以ST镇和开发区等作为眼镜生产企业的最核心集聚地，符合产业集群具备地域性的特征。为回答研究产业集群的演进动力机制这一核心理论问题，本书对案例集群从形成初期进行数据收集，得到有关该产业集群形成、发展、变革等跨度超过40年的数据，满足本书对基于过程观构建新理论的需要。

DY地区的眼镜制造产业起源于20世纪60年代末期，随着一批从上海、苏州等地国营眼镜厂返乡的眼镜技术工人回到DY地区，有了产业集群最初的眼镜工业技术人才输入，其也是制度创业的表现。在生产队的组织下，人们开始在DY西门和DB尝试制造眼镜产品。当时的中国社会正处于传统的计划经济体制时期，因此整个20世纪70年代DY地区的眼镜制造产业都处在缓慢发展的“窝棚”状态。从技术角度看，当时DY地区作为中国眼镜产业整体的补充，产品生产技术水平较低，眼镜架的生产材料是低档的塑料，眼镜片的生产是手工磨片加工。当时的企业处于对外部技术人员的引进和对眼镜生产技术的探索式学习阶段。然而，随着时间的推移，中国广大农村地区的工业组织显然表现出了比农业生产更具经济效益的优势（Nee，1989）。在DY地区，从20世纪70年代后期开始，相对宽松的环境保证了集体企业的合法性，促进了产业集群的高速发展。

从20世纪70年代末到80年代末，DY地区的集体眼镜厂也在多个社队兴起，形成了明确的眼镜产业集聚地并且DY地区在整个眼镜行业中获得了“眼镜之乡”的美誉。在此过程中，产业集群也形成了明确的社会结构：最早办厂的集体企业（DY眼镜一厂和二厂）已经成了当时集群内的领头企业，也带动了其他企业的成长。眼镜商贩从浙江等地进入DY地区采购DY眼镜。1986年，DY地区创办了中国眼镜产业中最早的批发市场——华阳眼镜市场。这标志着这个时期的DY眼镜生产企业将其生产能力发挥到了极致，创造了DY眼镜制造产业集群发展历程中的第一个高峰。然而，在这种繁荣的背后却潜藏着产业集群的危机。

从20世纪80年代中后期开始，DY眼镜制造企业在经历了高速发展后，产品逐步趋于同质化，在集群内初步表现出价格战倾向。1988年，随着中国改革开放进程的加快，来自韩国和日本等国家的先进眼镜产品进入中国市场，外部环境的剧烈震荡，眼镜市场的激烈竞争，导致DY眼镜厂在与外部市场的竞争中表现出了明显的劣势。到1991年，集群内的集体眼镜厂大量倒闭，全县的集体眼镜厂已经不到5家，而其中的技术人员和供销员也利用已有的生产技能逐步开始创办眼镜生产的个体作坊。这一时期的DY眼镜集群竞争力表现为明显的回落，但是与Ponder和St. John （1996）的理论预测不同，经历了回落期的DY眼镜制造产业集群并没有消失。在1992年，集群的领头企业对组织模式做出了重大调整，由单纯的在国内销售改为外销和参加国际展会、产权由集体所有变为具有独立法人的公司制等，这些变革激励了企业向集群外部的先进企业学习新技术。树脂镜片生产工艺——一种新技术、新工艺正在这时在集群中产生。与此同时，随着中国市场化进程的加快，1992年的DY眼镜产业集群中也出现了越来越多的现代私营企业雏形，它们以最快的速度开始从国外企业那里学习先进的生产技能。正是由于上述改变，1992年到1998年的DY产业集群竞争力表现为缓慢回升。到1998年，集体产权企业的组织模式被现代产权企业所代替。

与这种组织模式同样被逐渐认同的，还包括从1992年开始集群领头企业（A公司）学习到的树脂镜片生产技术。从1999年开始到2006年，这种新型镜片生产技术在集群内通过技术人员的离厂创业、地方创业者之间的相互模仿和非正式交流等方式快速扩散、改进，并最终同质化。与此同时，DY眼镜产业集群也再次创造其成长历程中的高峰，以“中国眼镜生产基地”身份定位于整个行业中。这一切得益于其领头企业在20世纪90年代对眼镜产品新技术的探索。这一点本书的文档数据中明确提及：“作为国内树脂镜片的发源地，20世纪末21世纪初，DY生产树脂镜片的企业如雨后春笋般地冒出来。目前为止，树脂镜片生产占到了国内总产量的七成，世界总产量的一半，成了全球最大的树脂镜片生产基地。”①

与20世纪80年代末期的繁荣背后所潜藏的危机一样，2006年年末，DY产业集群“拐点乍现”，产品同质化直接导致树脂镜片利润从早期的50%以上降到了5%左右。到对案例集群的观察期结束时（2012年），产业集群中的部分先行者已经开始感受到危机并进行反思，他们开始改变企业自身的价值观，由以往的“做产品向做品牌过渡”。与此同时，产业集群以集体名义开始申请区域品牌并开始以文化产品（而非功能性产品）重新进行眼镜的整体定位，集群企业整体价值观和营销模式开始变革。这一时期，集群整体的竞争力开始由迅速上升变为平缓，但保持在较高的绝对水平上，是中国眼镜产业的重要生产和品牌培育基地。在本书对案例集群的观察结束时，集群整体兴起的品牌和区域品牌实践，以及由此所激发的新技术，如高折镜片研发，可能会成为未来产业集群整体竞争力再次提升的关键。

本书选择DY眼镜制造产业集群作为深度定性研究案例是合适的。其理论依据如下：

其一，如理论分析部分所述，有关产业集群演进机制的研究现在并没有一个现成的答案，是产业集群现象中研究的新议题和方向

① 资料来源于DY眼镜商会内部资料。

（McCann and Folta，2008）。从理论视角看，本书的核心目的是从知识基础观视角出发建立有关产业集群演进过程和内在机制的理论模型，因此重点在于发展新理论（theory building）而非验证已有理论（theory testing），这一点也被Eisenhardt和Graebner（2007）认为是采用定性案例研究的基本出发点。

其二，本书所要建构的是关于产业集群发展过程（how）及背后的动态演进机制（why）的理论问题。这本身就要求对产业集群从形成到发展漫长历程中的波动、关键事件以及关键事件背后的内涵和因果链进行充分的解读。这需要基于过程导向的方法设计（process approach）。该设计也被定性案例研究方法论的经典文献所推崇（Glaser and Strauss，1967；Strauss，1987；Strauss and Corbin，1998；Yin，2003）。

其三，本书所选择的DY地区眼镜制造产业集群符合Eisenhardt和Graebner（2007）所讲的理论抽样的标准：案例研究如实验一样，目的在于从案例中抽象并建构新理论，而非如以验证理论为目的的随机抽样。一方面，从上述对所选案例的介绍可以看出来，在40余年的漫长发展过程中，DY眼镜产业集群经历了多次波动，保证了本书对数据观察变异性的需要。另一方面，眼镜产品制造产业是具有一定技术含量的，适合基于知识视角来研究（McCann and Folta，2009），而且，其技术特征在本书观察期的40余年中经历了显著的变革。同样，中国乡镇产业集群的制度框架及其所主导的组织模式也经历了巨大的变革。因此，这两点保证了本书从知识视角整合制度理论考察集群演进的机制，符合本书的核心目的。

其四，产业集群发展过程中所表现出来的阶梯式成长特征，如本案例，是以往理论所忽略和不能解释的。如理论分析部分所述，已有少量经典的有关集群演进机制的理论（Ponder and St. John，1996）预测与观察并不一致，为本书留下了空间。本书对DY眼镜产业集群的观察和数据收集时期跨度超过了40年，因此能够为集群发展和演进提供丰富的描述和解释。这种“已有理论解释重要现象失效”和“单案例比多案例能够提供更丰富的解释”的论断，被Eisenhardt和Graebner（2007）认为是采用定性研究和单案例研究设计的重要依据。

其五，除现象重要、具有理论上的典型性之外，数据可获得性（research accessibility，Yin，1994）也被认为是采用定性单案例研究的重要依据之一。在本书中，为了获取产业集群发展历程的数据，我们选择了比较熟悉的DY眼镜产业集群，保证了本书的数据可获得性。

综上所述，本书以DY眼镜制造产业集群为对象进行深度定性案例研究，符合本书理论发展和回答相关研究问题的需要，是合适的。有关数据收集和分析过程在3.2节阐述。

3.2 数据收集与分析

本书基于一个深度定性案例研究（in-depth qualitative case study）发展有关产业集群演进机制的动态过程理论。为此，本书以扎根理论（Grounded theory building，Strauss and Glaser，1967）为方法论指导，对DY眼镜产业集群进行扎根调研。从2012年10月到2013年1月，作者在DY地区居住、访谈，并往返于学校和产业集群之间收集数据。与此同时，在初步分析的基础上将不断涌现的分析结果向受访者反馈并修正，直到对其发展历程得到一致性结论。从2013年3月份开始，本书进入新一轮的数据分析和收集过程，主要对象为各类文档材料和网络数据等，同时本书作者还与国内外学术同行共同讨论并进行记录作为进一步数据分析的材料，符合定性研究的标准程序（Miles and Huberman，1994；Emerson，Fretz and Shaw，1995）。

1.数据收集

（1）访谈数据。本书对DY产业集群进行初步了解后，于2012年10月进入集群收集数据。首先接触到DY市ST镇负责工业的工作人员，并在他的引荐下开始接触地方经济服务中心主任、领头企业高管等受访对象。根据Holstein和Gubrium （1995）的建议，本书采用主动访谈（active interview）技术并以有关产业集群演进历程和组织行为变革为主线进行初始开放式访谈，并在随后的访谈过程中改变相应的访谈问题以适合每次访谈的具体目的。与此同时，本书作者进入并居住在DY产业集群内，在访谈的同时记下观察笔记并作为数据连续收集和分析的依据。

在此基础上，本书于2012年10月至2013年1月间采用“滚雪球”式访谈收集有关产业集群发展的情境特征、成长路径、组织模式变革、技术特征变革、关键事件等方面的定性数据。受访者包括DY眼镜产业集群龙头企业和规模企业的高层管理者、DY各级地方政府工业部门和经济服务中心工作人员、地方志编委办公室工作人员、DY眼镜产业集群行业商会秘书长、眼镜产品品牌运营公司高层管理者等。

从理论上看，本书的研究定位于产业集群层面，因此我们将非常熟悉DY眼镜产业集群发展历程和波动特征的受访者作为重点访谈对象。例如，本书作者与国外合作者共同对DY眼镜产业集群中的龙头企业董事长进行集体访谈，而对DY眼镜产业集群的商会秘书长、地方志工作人员等人进行多次访谈。另外，本书对产业集群发展历程中的关键时期的当事人进行访谈，获得了具有权威性的数据。例如，在分析20世纪90年代开始眼镜企业创业的动因和过程时，按照眼镜商会秘书长的建议，我们对当时最早创办私营作坊的企业管理者（现在是规模企业的董事长和总经理）进行了访谈。这一点符合定性研究理论抽样（theoretical sampling）和持续比较（constant comparison）的标准（Glaser and Strauss，1967；Suddaby，2006）。所有访谈均以非结构化方式展开，在受访者办公室或会议室进行，良好的受访环境保障了数据的质量。在访谈期间，作者提问、做笔记并录音，另一位调查助理进行观察和记录。最终，本书在实地调研期间共获得访谈材料32份，其中深度访谈材料26份，平均每次访谈时间为80分钟，非正式访谈材料6份，平均每次访谈时间为15分钟。所有访谈材料均在24小时内进行整理并转成文档数据，符合定性研究数据收集过程的标准（Dutton and Dukerich，1991；Miles and Huberman，1994）。

（2）档案数据。除实地访谈外，本书数据的另一个重要来源是档案材料，这类数据的收集分为两个持续进行的阶段。其一，在扎根式访谈期间，我们同时走访DY市各级地方档案管理处、地方志办公室、地方图书馆等机构，收集DY地方镇志、县志、年鉴、龙头企业和规模企业的内部材料、DY眼镜商会内部材料、行业内部报纸、期刊、政府经济服务中心内部材料、地方工商所内部记录等档案。其二，基于定性研究的基本分析范式（Strauss and Corbin，1998），随着数据收集和数据分析的同时进行，本书对逐渐浮出（emerging）的主题和观点进行整理后再次收集档案数据。这一过程从正式实地调研结束开始一直持续到本书写作之前，符合Dougherty（2012）等学者对定性研究应该保持推理与归纳反复迭代进行的思想。在此期间，本书收集的档案数据包括中国眼镜协会通讯、DY市政府网站上的相关文件、《中国眼镜科技杂志》、中国眼镜网人物访谈、DY眼镜龙头企业和规模企业官方网站和电视访谈、DY眼镜商会内部材料、有关产业集群的网络报道和文章等等。总体来看，本书最终获得的档案资料十分丰富，是定性数据的重要来源。本书将整体数据的来源和特征总结为如表3-2所示。

表3-2　**本书数据来源和描述**

访谈数据			
数据来源	受访者	数据整体描述	访谈原因/目的
眼镜产业行为者（龙头企业、配套企业）	职务：董事长、总经理 职位：高层管理者	11位，共14次访谈； 集群内平均工作年限33年； 共计访谈时间861分钟； 共计约15万字	1. 考察集群发展历程 2. 组织变革和技术创新 3. 关键事件时期变革过程（由地方政府工作人员和眼镜商会秘书长建议） 4. 品牌和区域品牌实践
地方政府及代理机构（经济服务中心、镇志办公室等）	职务：镇长、主任 职位：中、高层管理者	8位，共14次访谈； 集群内平均工作年限30年； 共计访谈时间644分钟； 共计约12万字	1. 保障数据的可获得性 2. 考察集群发展历程 3. 制度变革和技术创新
DY市眼镜商会	职务：秘书长 职位：高层管理者	1位，共4次访谈； 集群内平均工作年限39年； 共计访谈时间289分钟； 共计约5.7万字	1. 考察集群发展历程 2. 制度变革和技术创新 3. 理解品牌实践

续表

档案数据			
数据来源	数据名称	数据整体描述	数据收集原因/目的
眼镜企业和行业商会	企业内部资料、《DY眼镜》、《第一眼镜》、中国眼镜协会会员通讯、行业商会理事会工作报告等	集群发展历程；企业、行业内部变革；集群关键事件和解释；共计约10万字	1.考察集群发展历程 2.制度变革和技术创新 3.探究关键事件因果链 4.检验访谈数据可信性
地方志办公室、地方图书馆等机构	《DY县志》《ST镇志》《ST镇工业志》等	集群发展历程介绍；共计约5万字	1.考察集群发展历程 2.制度变革和技术创新 3.检验关键发展期事件
网络和其他档案数据	《中国眼镜科技杂志》、中国眼镜网人物访谈、DY市政府网站文件、行业领头人电视访谈、各眼镜企业官方网站资料等	集群发展历程；眼镜产品技术特征；集群关键事件和变革；共计约20万字	1.检验集群发展历程 2.考察产品技术特征 3.检验关键发展期事件 4.考察品牌实践（由行业商会秘书长建议）

2.数据分析

本书整体研究更偏向于相对开放的案例研究，因此数据收集和分析是在先有一个基本理论框架下开始并随着数据收集而逐渐收敛和浮现（emerging）的过程（Miles and Huberman，1994）。因此，我们带着最初的研究问题和理论框架进入集群，并遵循定性研究的数据分析范式，数据分析工作在收集过程中展开，符合Strauss和Corbin（1998）建议尽快展开数据分析的思想。

随着数据收集和分析工作的展开，本书作者与国内外学者共同讨论可能在理论上成立的模型并以备忘录形式进行记录。与此同时，作者在集群内扎根访谈期间对集群形成和发展历程进行即时整理，根据初步分析结果指导下一次访谈对象并进行数据收集。例如，在分析私营眼镜作坊的产生可能在理论上标志着制度创业后，我们进一步访谈了集群发展历程中最早的离厂创业者，并对该数据进行即时分析。从2013年3月开始，根据访谈数据和部分档案数据的初步分析结果，本书再次收集和分析相关的档案数据。上述基于数据分析、理论比较后的数据收集和再分析，是定性数据分析过程中理论抽样和持续比较的典型表现（Glaser and Strauss，1967；Corbin and Strauss，1990）。参照Zietsma和Lawrence （2010）的经典报告方式，本书对数据收集、分析、理论迭代、反复验证等循环过程（Miles and Huberman，1994）总结如下。

第一步，构建叙述和关键事件。这一过程在扎根式调研期间和档案数据分析期间完成。与Greenwood和Suddaby （2006）的经典做法一致，我们在这部分主要考察“谁做了哪些关键行为”“它们如何发展”等，得到有关DY眼镜产业集群发展历程的叙述、关键事件和示意图等。其中，来自访谈数据的有大约14万字，来自文档数据的大约有9万字，来自实地记录的大约有1万字。在此基础上，作者将此结果分别与DY市地方志和其他文档材料进行比对，并将对产业集群演进的初步理解带到下一轮的访谈中进行验证。

第二步，编码与备忘。本书以时间顺序对数据进行编码。其一，在对数据的微分析（Strauss and Corbin，1998）的开放式编码过程中，本书综合使用了批注和分析评论（Miles and Huberman，1994）等技术手段，目的是将数据尽量分割成具有独立语义的词段，以保证在初始编码过程中的开放性。这一做法与Greenwood等学者（2002）以及Greenwood和Suddaby（2006）等学者的经典研究一致。其二，将上述开放编码后的词段进行归类和主轴编码（axial coding），分别以制度理论（Seo and Creed，2002；Greenwood and Suddaby，2006；Greenwood and Hinings，1996）和组织学习理论（March，1991；Levinthal and March，1993；Gupta et al.，2006；Lavie et al.，2010）的相关文献作为理论工具组织数据归类过程并由此形成编年体主题。例如，在集群形成初期，本书编码集中在"眼镜产品技术人员输入""集体企业合法性低"等主题上，在近期的集群发展时期浮现出来的主题更多地集中于"自主品牌实践""区域品牌建构"上。与此同时，本书保持开放心态（open mind），对逐渐浮现出来的主题之间以及各主题与文献之间进行持续比较和验证，由此形成本书概念上的一阶主题。例如，本书将"眼镜产品技术人员输入""眼镜产品设备输入""参加展会获取新技术"等类似的主题归纳为组织学习理论中的搜寻（search）概念。类似地，本书在此阶段还形成了"改进（refinement）""模仿同构（mimetic）""制度无效率性（inefficiency）"等一阶构念，作为进一步理论抽象的基础。其三，在此基础上，本书将得到的一阶构念再次与制度理论和组织学习理论文献进行比较，抽象出"集群探索式学习""集群利用式学习""集群制度同构化过程""集群制度创业过程""制度矛盾""集群竞争力"等核心二阶概念。与Zietsma和Lawrence（2010）的经典报告方式一致，本书在第4章和第5章分别对数据进行报告，并且将本书核心的一阶构念数据示例列于附录二。

第三步，案例研究与理论模型抽象。编码后，本书将得到的结果再次与原始数据和集群整体发展历程叙述进行二次比对，以检验编码的效度。在此基础上，本书进一步按照集群整体演进历程中所表现出来的竞争力波动将其发展分为六个阶段，并分别构建其中的关键表现并进行描述。除描述外，本书进一步对产业集群各发展阶段中的组织模式特征（如表3-3所示）和演进规律进行抽象，从理论层面解释集群演进的机制。最后，基于上述分析，本书发展出一个关于产业集群演进机制的“元”模型，包括了制度同构化过程与集群利用式学习、制度矛盾、制度创业过程与集群探索式学习等三个循环阶段，是本书数据分析的结论。

第四步，数据分析验证。在数据分析阶段，本书将逐步产生的叙述、观点、理论框架和模型等阶段性分析结论凝练成阶段性模型，并将有关集群演进路径图和相关的解释带回到实地访谈过程中向行业内专家反馈并修正。在数据分析的后半段，本书作者进一步收集大量文档数据并将逐渐成形的观点和理论与之比较，形成最终的结论，这一点与Greenwood和Suddaby（2006）的经典研究是一致的。

上述数据分析过程在时间顺序上是有重叠、反复和迭代的，这一点也是定性研究数据分析的规范和标准的表现（Glaser and Strauss，1967；Corbin and Strauss，1990；Miles and Huberman，1994；Strauss and Corbin，1998；Suddaby，2006）。

表3-3

DY产业集群组织模式演进

组织模式构成要素	20世纪60年代末—1978年	1979—1987年	1988—1991年	1992—1998年	1999—2006年	2007—2012年
产权归属与治理机制	资本来自地方全体人民	——→	------→	------→	/	
	产权和收入归集体所有	——→	------→	------→	/	
			承包法人制	——→	/	
			资本来自个人	------→	——→	——→
			产权和收入归个人所有	------→	——→	——→
				资本部分来自国外	------→	——→
战略与管理	眼镜产品代加工	——→	——→	——→	------→	------→
	劳动分工依赖政府协调	——→	------→	/		
			分工通过私营企业协调	——→	——→	——→
	政府/党委战略决策	——→	——→	------→	/	
	政府/党委收取“管理费”	——→	——→	——→	/	
	政府/党委任命管理者	——→	------→	------→	/	
			承包厂长经营/决策者	——→	/	
			个人中心，家族式管理	------→	——→	——→
				国外企业参与战略决策	------→	——→
市场营销	国营商店、批发站收购	——→	------→	/		------→
	产品国内销售为白包装	——→	——→	——→	——→	
		供销员在全国推销商品	——→	------→	/	——→
		“坐商”：设眼镜市场门市	——→	——→	——→	——→
				外销：贴牌生产（OEM）	——→	规范营销：品牌实践

续表

组织模式构成要素	20世纪60年代末—1978年	1979—1987年	1988—1991年	1992—1998年	1999—2006年	2007—2012年
员工管理	工业办公室统一管理	——→	·········→	·········→	/	
		工业公司统一管理	——→	·········→	/	
			企业自主决策员工管理	——→	——→	——→
	集体企业工分制	·········→	/		/	
		集体企业的差别/浮动制	·········→	·········→	——→	——→
			企业自主决策工资制度	——→	——→	——→
			技术专长为晋升和激励的标准	——→	技术专长作为激励标准	——→
						技术专长、品牌运作和营销为激励标准
潜在价值观	企业应为群众追求利益	——→	/			
	集体眼镜厂是国有眼镜厂的补充	·········→	/			
			追求市场价值和利益	——→	——→	——→
	主要使命：供应眼镜商品	——→	——→	——→	——→	——→
						主要使命：打造民族品牌和集群地区认同感

注：组织模式特征首次在集群内出现以文字标注，标志着该组织模式特征合法性低；在集群内部持续发展以“·········→”标注，而随后的时期则表现为在组织模式对应方面集群整体的制度创业过程；在集群内部减弱以“——→”标注；在特定时期内消失用“/”标注；所有组织模式特征均有来自文档材料和访谈材料的原始数据的支持，空间有限，未列入表中。

第4章

案例研究

本书案例是江苏省DY市的眼镜制造产业集群。至调研结束，这个地区的眼镜产业已经形成了由树脂眼镜片生产企业为主体，眼镜架、隐形眼镜和其他眼镜产品配件（少量眼镜架配套企业、眼镜片原料生产企业、眼镜盒生产企业等）生产企业为补充，眼镜销售市场、眼镜商会、技术服务中心等组织构成的产业集聚地。

按照Greenwood和Suddaby（2006）的做法，本书以眼镜片生产企业为考察主体对象和案例叙述主线，描述并解释DY地区眼镜集群发展历程，目的是从制度理论和组织学习视角发展出集群演进机制的过程理论。参照Dutton和Dukerich（1991）的经典报告方式，本书将DY眼镜生产集群从形成期到调研结束时的发展经历分为六个阶段，以竞争力特征分别命名，并叙述各个阶段的产业集群情境、关键事件、集群企业组织模式特征和集群整体竞争力等方面的内容。在具体写法上，按照Golden-Biddle和Locke（2007）的建议，以文字叙述和数据呈现交替方式报告案例内容。

4.1 第一阶段：形成期（20世纪60年代末至1978年）

与依赖自然资源和地理优势的集群形成不同，DY眼镜集群的形成从20世纪60年代末开始，一批从上海、苏州眼镜厂返乡的技术工人开始制造眼镜，是由技术和知识作为输入资源而发起的，促成了DY地区形成独特的眼镜产品生产集群。

1.集群社会情境

从整个制造业来看，在20世纪60年代的商业系统中以国有企业为绝对主体，眼镜行业也不例外。20世纪60年代的中国眼镜制造企业主要集中在苏州、上海和北京三个地区，而国有企业的数量极少，生产能力远远不能满足当时的市场需要，给中国农村地区的工业发展留下了广阔空间。例如，在对DY商会秘书长的第一次访谈中，受访者谈道："那时中国基本上就是几家眼镜厂，苏州眼镜一厂、二厂，一厂做镜架，二厂做镜片；上海眼镜一厂、二厂，一厂做镜架、二厂做镜片；北京眼镜一厂、二厂，一厂做镜架，二厂做镜片。这种情况下满足全国市场的需求根本就不够。"

从国家宏观角度，自20世纪60年代末东南沿海地区的农村开始兴起工业（Nee and Opper，2012），这给DY地区的眼镜集群提供了良好的基础。在DY地区，从20世纪60年代末到1978年，苏州和上海地区返乡的眼镜技术工人逐步开始回到农村，他们带来了眼镜生产的相关技术和知识，成为DY产业集群形成的必要条件。例如，在对A公司的访谈中T总谈道："中国的眼镜产业是从苏州起源的，我们DY地区就有在那边做学徒的。到了1962年，这批人就回来开始办社队企业，他们这些会做眼镜的人就开始办眼镜生产企业了。"

DY地区眼镜产业集群的出现是相对于国有企业的制度创业形式的。正是基于这种初步的动力，给DY地区的各级地方政府带来了寻找新技术和创办效率更高的组织模式——眼镜工业企业的契机。

2.关键事件

20世纪70年代在中国计划经济体制下，DY地区的工业刚刚起步，工业组织的创办需要地方政府的认同和批准。这极大地激励了各级地方政府。1971年，DY县各公社建立工业办公室，是眼镜企业的直接管理机构，其建立促进了地区内创办眼镜企业的积极性。1977年，DY县委成立DY县第二工业局，加强对社、队工业的指导和管理。1978年，江苏省推行进一步发展社、队工业等激励政策，肯定了社、队集体企业的地位。

由此可见，在集群形成的近10年内，DY眼镜企业与国内眼镜产业中的国有企业相比处于制度创业者角色。这种从未在DY地区出现过的组织形式的建立，成了激励地方政府发展经济和增加财政收入的重要方式，也是集群整体随后快速发展的重要条件之一。

3.集群组织模式特征

20世纪60年代末开始，DY地区出现了一种既有别于西方市场经济体制下的企业也有别于计划经济时期的国有企业的组织形式：乡镇集体企业（Boisot and Child，1996）。与社会学家的观察一致，这种集体企业组织模式的特殊性首先体现在产权集体所有和由此反映出来的内在价值观：满足和追求DY地区所有人民利益，其税收也是地方政府财政重要来源之一（Nee，1992，1996）。

从产权归属角度看，此时的企业产权完全归属于地方政府及其相关机构，并处于合法性刚刚具备阶段，依赖地方政府的管理。到1978年，这种情况仍然是主导集群创业的力量，也符合我们对眼镜产业集群成长历程的整体观察。从20世纪60年代末到1978年，特定的新制度规范规定了DY集群地区内眼镜生产工业组织模式的范式（template）和内在价值观（underlying values）：产权归属于集体，办工厂的目的是为地方整体提供效益。显然，相对于DY地区来说，这是一种制度的创业过程。

在此阶段，集体企业技术刚刚起步，表现为集群作为整体引入外界新生产技术，绝对水平由低到高缓慢发展。集群整体作为眼镜生产的初级加工基地而存在，其原材料供应、设备来源和技术人员的组织也来自于集群的地方政府和相关代理机构。对于各级地方政府而言，集群形成期间对其发展产生了有效的激励，政府鼓励创办工业组织。在此过程中必然要广泛搜寻返乡或来乡的技术工人，这也是DY眼镜产业集群形成之初典型的以创业方式体现的制度创业过程。在对DY商会秘书长第一次访谈中，受访者谈道：“当时要办工业，过春节的时候就召集一些ST在外地从事工业的人。召集当时在苏州、上海的工人，大家开个座谈会。我父亲当时在苏州眼镜厂，因此建议办眼镜厂。因为当时办其他的产业不现实，投入资金很大，技术要求很高。我父亲无论是做镜架还是做镜片都经历过，他说这个技术含量不是很高，投入资金不是很大，他都可以解决，设备他可以弄过来，技术他可以来指导。”

从组织学习角度看，集群整体在形成期表现为探索式学习——向集群外部搜寻并将外部的技术人员作为原始输入。此时集群整体知识边际递增，这一点在本书的档案数据中有所体现：“办厂之初我们没有机器，本着少花钱多办事的原则，我们买人家的旧机器；没有技术，就走出去，请进来。请懂技术的老师傅来厂里指导，边学边干。我们很快安装了机器，投入了生产。”①

在营销方面，集体眼镜厂效率更高，也更好地适应了市场需求。除了当时国有企业的定点销售渠道外，集体企业基于市场导向，随着生产规模的扩大也催生了当时新型的、更有效满足市场需求的销售方式——供销员推销。这种灵活的机制促进了眼镜企业采用与国有企业不同的营销方式，使DY眼镜产业集群竞争力在形成的初期处于上升状态。

4.集群竞争力

20世纪60年代末至1978年的集群形成期间，DY的ST镇和DB镇相继创办DY县眼镜厂、DY县儿童眼镜厂等乡镇集体眼镜企业。集群整体竞争力相对于整个眼镜产业来说，形成期间竞争力较弱。

自20世纪60年代末到1978年，DY地区首次出现了制度创业者，城市工人带来了独特的眼镜生产知识。这符合制度创业文献中对制度创业的界定（Battilana et al.，2009）。这种制度创业者的出现在集群形成初期合法性相对较低，但却明显地改变了激励程度，在此期间表

① ST镇志办公室内部材料——《乡镇新谱》《企业简介》。

现为更有效的组织模式。以此作为起点，DY产业集群在形成期间是以制度创业出现的。20世纪60年代末开始的集群形成过程中，制度创业行为发起并带来和引入了新知识到集群。这种新知识所带来的效益反过来又逐步增强了人们对这种新组织模式的认识，即集群整体的制度创业过程与探索式学习过程彼此加强，并促进了集群的产生和发展。正是这种积极的反馈，让早期的制度创业在集群发展中逐渐演变成了制度同构化过程。

4.2 第二阶段：快速发展期（1979年至1987年）

1979年至1987年，集群整体竞争力处于快速上升期，表现为集群整体规模扩大、内部知识得到充分交流和集群的利用式学习，直到产品趋于一致，制度化过程和其背后的集群利用式学习在集群演进过程中发挥了重要作用。这一时期是典型的组织场域制度化同构期，符合Ponder和St. John （1996）的理论预测。

1.集群社会情境

中国社会中多种商业形态并存，经济体制改革刚刚起步，促进DY地区眼镜产业集群快速发展。这种集群情境是产业集群快速发展的外界条件。

1980年DY县首次召开全县、社工业代表大会，进一步肯定了集体企业的销售方式。与此相比，在眼镜行业中当时国有企业仍然采用相对固定的定点销售方式，即由国家统一收购和分配。

20世纪80年代中期，中国社会鼓励农村集体企业的发展。在社会学家看来，这是提高“社会经济活动能力”的必要基础（Nee，1989）。从整个中国体制改革的进程可以看到，这是集群在快速成长期规模逐渐壮大的基础性外界条件（Nee and Opper，2012）。

与此同时，中国整个眼镜产业的消费者需求增加，国有企业无法满足相对庞大的市场需求，这是DY地区集群高速发展的前提。例如，在对A公司T总的访谈中，受访者谈道，“我们的眼镜业20世纪80年代开始发展了，那个时候发展是比较快的”。

2.关键事件

随着集群内集体产权性质企业合法性的加强，眼镜生产企业中的领头企业在20世纪80年代中期快速扩大规模并进行技术创新。

1984年，DY县第一眼镜厂改名为ZJ市眼镜厂，这在当时的社会中不仅意味着眼镜企业得到了地方政府的认可，而且也意味着企业在规模化发展的同时也在将已有知识转化为生产效率。这一点，用组织学习理论的语言讲是从探索式学习演变成利用式学习进而扩大生产规模、改进技术和追求生产效率的过程。例如，在对DY镇志办公室人员的第一次访谈中受访者谈道：“20世纪70年代末，ST眼镜厂引进了一些做镜片、镜架的机器，把原来老的机器给换掉了。20世纪80年代，扩大了生产，当时A公司就叫成ZJA眼镜总厂，生产设备也换成新的了。”

随着生产领域的规模化发展，销售领域中来自集群外部（以浙江温州地区为主）的眼镜产品销售商贩开始出现并迅速集聚。1986年，全国最早的眼镜交易市场——华阳眼镜市场在DY成立，随后，1987年云阳眼镜交易市场也在集群成立。从此，集群企业走上了“坐商”时代，即在集群内生产的产品快速借助市场销售平台转化为集群经济收入。这一点在本书的档案数据中有所体现：“20世纪80年代，一般的商贩在国营企业是很难拿到货物的，所以DY开办的一些乡镇眼镜生产企业成了大家主要的进货渠道。因为供不应求，许多人只好住下来等货，有的先拿到货的也会分一些给熟悉的朋友，于是DY火车站附近的旅馆成了小小的交易市场。DY1986年在全国建起了第一家眼镜批发销售专业市场，使DY眼镜实现了工贸一体。”[①]

这一变化是经济规模扩大的直接效应，对集群生产企业长期发展来说是不利的。在快速成长期的集群，组织模式迅速趋同，集群组织学习行为也由集群形成期的探索式学习走向利用式学习（Ponder and St. Jonh，1996）。

3.集群组织模式特征

从产权角度看，集体性质组织模式在1979年到20世纪80年代末合法性逐步加强，国家和地方政府自改革开放以来对集体企业产权性质做出了明确肯定，表现在建立工业公司作为企业的直接管理单位。

从协调角度看，集群企业产品生产的劳动分工环节是由地方政府和工业公司统一规划的。从整个集群层面看，这个时期生产环节也出现了少量的劳动分工，这是在产业规模和技术发展到一定时期内的必然结果，表现为建立分厂各司其职。从理论上讲，是典型的利用已有知识提高效率。

销售模式上，集群企业除了沿用推销员方式，也因为DY眼镜市场兴起而采用了“坐商”模式，这种组织方式也在集体企业逐步同构化过程中被加强。在这一时期，生产领域的发展引来了全国眼镜产业中的商贩。对于集群整体而言，这是具备生产能力优势的体现。从1986年开始，眼镜市场进一步加速了集群利用已有产品提升生产效率，产业集群内的知识趋于同质化。这一方面来源于制度化过程的同构效应，另一方面也来自于在集群快速扩张阶段的学习方式由探索式学习转变成了利用式学习和过度利用式学习，此时集群整体作为国内的眼镜生产基地和产品供应商的地位达到最高点。在对DY镇志办公室人员的第三次访谈中受访者也谈道：“眼镜都在华阳市场上推销，华阳市场是那边最大的眼镜市场，那里作为一个桥梁，产品推销出去

① 来源于DY眼镜商会内部资料。

后，把原材料拿过来加工。”

4.集群竞争力

1985年，中国轻工业部在DY召开第一届中国眼镜协会会员代表大会，中国眼镜协会在DY成立，此时DY也被中国眼镜行业称为“眼镜之乡”，DY眼镜集群快速成长并逐渐成熟，占据了竞争优势。这一点在对A公司副总经理第一次访谈中有所体现：“DY是全国眼镜之乡，实际上眼镜行业在DY也是传统行业之一，它的眼镜在20世纪80年代中期有辉煌的历史。1987年，DY的眼镜产业已占全国1/3的市场。”

1979年到1987年，地方政府组织创建的符合集体产权规范的企业已经获得了充分的合法性。这促进了以创业方式同构化，即设立新组织形式来迎合地方政府的制度安排，是集群内企业趋同变革（convergent change），是典型的强制性同构化机制（coercive isomorphism）和模仿过程（mimetic process）发挥作用。值得注意的是，在20世纪80年代集群创立集体企业是一种制度同构表现，这是以创立新企业的方式同构化，而不仅仅表现为改变组织模式中的一个方面。

同样地，组织间眼镜生产规范日趋一致，标准化程度逐步提高。例如，在镜片生产领域，高速磨片机器最先由集群中的DY县眼镜一厂开发，而随着集群的制度化，这种生产方式也成为集群其他企业的标准化操作，是典型规范化机制（normative process）的表现。

“DY第四眼镜厂技术力量雄厚，生产线基本上采用了机械模具流水作业，保证了标准化程度的提高。”①

与这种高速制度同构对应和彼此加强的，是集群作为整体与日俱增的利用式学习行为。1979年至1987年间，集群整体从最初的探索

① 资料来源于《DY市社会经济统计年鉴：工业企业选介》。

式学习走向了利用式学习，伴随着集群整体的成长和竞争力的提高，集群企业在彼此模仿和学习过程中，技术逐渐同质化。此时，集群企业追求短期利益的利用式学习为个体企业带来了好处，而从长期来看，集群整体的创新水平有所下降，集群知识存量在1987年达到最高值。

在DY集群快速发展期，一方面随着地方政府对工业组织的鼓励，集体产权性质企业合法性快速增强，保证了集群的快速成长。此时，作为组织场域，集群整体在产权规定和内部管理等方面处于趋同化：所有眼镜企业的创办都必须符合集体产权性质的地方政府及其代理机构的制度规定。另一方面，从规范性和模仿性同构过程看，随着集群规模的壮大和企业间的交流，眼镜生产的行业规范逐步形成。在此过程中，眼镜生产企业之间的学习行为整体上从早期的探索式学习转变成了利用式学习，并反过来加强了已有制度对集体眼镜厂组织模式的肯定。经过长期发展，集群整体知识水平达到了最高点，并进入产品同质化阶段。制度同构性过程加强了集群整体利用式学习行为，反过来这种利用式学习也通过提高企业的经济效益为集体企业模式带来了更高的合法性和制度性同构，二者在此阶段是相互加强的。在随后的演进过程中，利用式学习导致产业集群知识创新停止增长，并逐渐开始以制度矛盾的形式表现出来。

4.3　第三阶段：下降期（1988年至1991年）

在经历了高速发展直至平稳后，集群整体竞争力开始快速下降。这一时期，集群内长期以来的制度性规范和利用式学习所产生的产品同质化的消极效应体现明显。面对日益开放的市场经济环境，竞争劣势也日益明显。从理论上看，这一时期进入了由制度同构化过程以及背后的利用式学习所导致的制度矛盾期。

1.集群社会情境

1988—1991年期间，DY地区的经济总体表现为农村改革处于体制转轨、城市改革刚刚启动、对外开放步伐不快，呈现出明显的负增长态势。从国家宏观制度来看，中国改革开放在这个阶段正式进入到DY地区，随之而来的则是企业产权制度变革。集体产权公有制企业模式仍然占据绝对主导地位，合法性高。1990年6月，国务院颁布《中华人民共和国乡村集体所有制企业条例》，从法律上确定了乡镇企业的地位，保障了乡镇企业的合法权益，成为乡镇企业发展历史上的重要里程碑。这一点，从宏观层面决定了在广大的中国乡镇地区的工业形式主导的制度逻辑和背后的范式仍然属于集体产权组织。与之对应，私人组织在中国整体社会地位中具有较低的合法性（Nee and Opper，2012）。

然而，随着市场经济的发展，经济体制改革和转型程度进一步加深，私人企业蓬勃发展起来。与之对应的是在20世纪90年代末之前，国有经济和集体经济占主要地位，合法性高。对于DY市的行政地区和DY市的眼镜产业集群来说这种情境非常明显。另外，中国自20世纪80年代末开始对外开放市场，各个行业和地区开始接触国际产品。与之对应的，这个时期的眼镜行业，以韩国产品为主的眼镜产品快速和大量地涌入中国眼镜市场，集群面临的外部市场环境产生巨大的变动，这也是这个时期产业集群竞争力下降的重要原因，也是随后组织制度性变革（集群内产生私营性质的眼镜生产厂和集体企业的厂长承包责任和独立法人制度）的重要原因。这一点在DY镇志办公室的内部资料中有所记载："从1988年开始，境外眼镜产品洪水般地涌进中国市场，镜片、镜架将整个市场冲得支离破碎，一片狼藉。曾经是行业无上荣耀的国营大厂几乎在一夜间就停产甚至垮掉了，来势凶猛让整个行业措手不及。ZJ眼镜总厂也未能幸免，经过这次黑色风暴洗劫后，全厂只剩100多人，产值锐减到100多万元。”①

2. 关键事件

1988年，DY眼镜集群市场环境面临前所未有的冲击。随着改革开放，国外眼镜产品大量进入国内市场，先进的产品使得在快速发展期的DY眼镜产品失去竞争优势。1989年到1991年，集群内乡镇集体眼镜厂绩效快速下滑，产值下降直到全面停产。至1991年，DY全县仅存5家乡镇集体产权的眼镜厂。ST镇内仅剩2家领头企业维持并作出相应的组织模式调整，改制为ZJ眼镜总厂和DY眼镜二厂。从理论层面上看，这种组织场域的外部冲击所导致的集群整体危机，是Seo和Creed（2002）等学者所界定的组织场域不适应性（nonadaptability）制度矛盾的典型表现。

“一个最辉煌时曾经拥有职工800多人、年销售额近2 000万元的企业，从1988年开始，因境外眼镜产品洪水般地涌入中国市场，将国内许多大型企业一下子就冲垮了。ZJ眼镜总厂也处于风雨飘摇之中，到1992年，职工锐减为100多人，年产值只有百万余元，成了濒临倒闭的企业。”②

在集群的销售领域，随着市场规模的逐步扩大，越来越多的眼镜产业商贩和生产者加入到集群中。1989年，华阳眼镜市场和云阳眼镜市场合并，改名为“DY眼镜市场”，标志着在DY的地域范围内已经形成了明确的产业集聚地。

3. 集群组织模式特征

在集群受到外部市场冲击期间，集群原有企业进行明显的调整，这一点与Ponder和St. John （1996）的预测一致。但与之不同的是，

---

① 资料来源于DY镇志办内部材料。
② 资料来源于DY眼镜商会内部资料。

这种调整最终给集群带来了新知识和竞争优势的回升，而并非如Ponder和St. John （1996）所言会最终“走向衰落”。

从组织产权变化角度看，在绩效持续下滑阶段眼镜集群中原来的领头企业对集体产权制度安排作出了相应的调整，由地方政府领导者放权给承包厂长，开始加大对集体产权企业的激励。随着集体产权眼镜企业绩效下滑，越来越多在集体厂中的供销员、技术员开始了最早的离厂创办企业。

然而，DY眼镜产业集群的下降期，私营企业有以下两个特征：其一，它们是整个集群的制度创业者——以创办小作坊打破原有制度规范的典型表现。集体产权性质的组织模式所遵循的是为地方政府管辖的集体服务。私人产权的组织模式所遵循的内在价值是为了追求市场利益和价值的最大化。其二，这种制度创业方式是随着市场经济的发展而逐步形成的。那些原来在20世纪80年代曾经给集群带来竞争优势的集体产权模式，在逐步的制度同构过程后，开始出现转变。集群在这个阶段开始出现了组织的趋异性变革，但从整体看集群仍然处于低谷期。这一点从集群整体的产业竞争力上有明确体现。

4.集群竞争力

在经历了1979年到1987年的快速成长和竞争力提升后，DY眼镜产业集群的竞争力开始了明显的衰落，变化的原因则是集群中知识创新的停止和国外产品对市场的冲击。在A公司副总经理第一次访谈中受访者谈道：“从1988年下半年到1989年年初，很多企业就都倒闭了，这时就到了行业抛物线的底部。”

事实上，从集群的快速成长期可以看到，至1987年，产业集群中的知识创新已经达到了第一个高点并停止。在这种背景下当时国际上眼镜行业中领先的技术和知识含量更高的产品进入市场无疑会给眼镜行业带来很大冲击。因为眼镜行业的发展更多的是基于知识而非资源，这一点也符合本书从知识视角看待集群演进和成长的历程。

另外，从集群的成长看，在知识停止增长后，并非如Pouder和St. John （1996）所预测的那样，集群逐渐消失和转为其他行业。相反，DY眼镜集群在这个时期正处于两种组织模式互相替代的初期阶段。从上面的讨论和数据中可以看到，从组织模式的方面看，私人企业能够通过销售低档产品满足个人的利益，但对于集群整体的知识增加是无效的；而具备高合法性的集体企业因为长期的同构化和利用式学习也无法创造新知识，导致集群整体处于竞争劣势。

值得注意的一点是，在DY集群的竞争力下降期间，有合法性的组织模式没有创造知识，而民营企业为什么也没有创新有关产品的知识呢？如前所述，这是因为从整体来看，集群仍然处于制度同构的封闭状态，因此集群整体处于制度矛盾期。

在经历长期的利用式学习后，企业在集群内部仍然是利用已有的产品知识，而忽略了创造能够脱离技术轨迹的新知识，即没有进行探索式学习。因为从整体上看，这个时期集群仍然处于封闭的系统中，集群并不能从企业中学习到新知识，而表现为大量企业间利用已有知识生产产品，基于同质化产品的价格战，是无效率性的典型表现。对ST镇志办公室人员的访谈中，受访者谈道："市场上是同样的东西，产品饱和了，都卖不出去了。产品都差不多，那时也没有什么品牌的差别。"

综上所述，在DY眼镜集群竞争力下降期，曾经在20世纪80年代为其带来竞争优势的集体产权企业模式和利用式学习在长期集群演进过程中催生了制度矛盾，也促使一些行动者反思，并在20世纪90年代初期开始一些制度创业。集群整体的学习方式在短期内并没有立即因为这种制度创业而改变，而是继续其利用式学习。这一点如上文所述，是因为此时的集群内已经没有新知识可以学习了，虽然有来自内部的制度创业者开始改变组织模式，但作为封闭系统，集群整体并没有产生“向外学习”的探索式学习行为，集群整体知识水平仍然处于停止提高状态。

4.4 第四阶段：缓慢回升期（1992年至1998年）

与已有经典理论预测不同的是，在经历了明显的外部市场冲击后，DY眼镜产业集群并没有产生“虽然有一些企业能够调整战略，但整体集群会最终消失（Ponder and St. John，1996）”的结果。

相反，在竞争力快速下降面前，集群中的行为者及时在组织模式各个方面进行改革，如参加国际展会、采用法人承包制和创建私人企业等。这一时期，DY眼镜集群内产生了一群制度创业者，他们变革已有制度或订立新制度，进行探索式学习，为集群带来新知识，重获竞争力。进而，在这个时期结束时，新制度和学习方式的有效性保证了制度创业过程再次成为下个阶段中的集群制度同构化和利用式学习过程。

1.集群社会情境

1992年年初，邓小平南方谈话后改革开放的进程和市场转型的速度在中国社会明显加快，在全社会中市场体制逐步明确和建立。在DY地区，乡镇经济体制改革开始起步，主要表现为集体产权企业对承包权的进一步放宽和地方政府出台政策大力提倡外向型经济发展。这一点，使得在相当长的一段时间内DY的眼镜生产企业成为了外资企业的代工生产基地。

在此期间，DY为了进一步深化企业改革，放开、搞活企业，由点到面，逐步实行放开经商，企业的自主权进一步扩大。全市范围内的集体乡镇企业放开经营主要内容包括：深化干部人事制度改革、深化用工机制改革、深化企业内部分配制度改革、深化企业内部机构设置改革，以及扩大企业生产经营范围。在本书的文档数据中可以看到，对于乡镇企业来说：“‘超常规、跳跃式、大跨度’是1992年乡镇企业发展的特点，规模经济取得明显效果。各地理直气壮提出‘有效益的速度能够搞多快就搞多快’。观念的转变释放出巨大的能量，乡镇企业获得了前所未有的发展。”①

20世纪90年代初期，DY市委、市政府提出将外向型经济作为重点战略来抓，进一步强化了吸引外资和产品对外出口的合法性。在眼镜生产集群中，从1992年开始，集群的领头企业首次开始了向外出口产品和引入外资进入集群，这也成为集群竞争力回升的重要条件。

随着市场经济的发展，私人企业模式在市场中的有效性逐步凸显。从国家层面来看，这个时期的民营经济成分是逐步加强的，这与社会学家的观察是一致的。在DY地区，这种组织模式的合法性也在逐步加强并代替集体产权制度。

与乡镇企业改革和私人企业模式逐步壮大同时发展的是自1992年开始的DY地区对外贸易和吸引外资的政策法规逐步增加，20世纪90年代开始，DY市为发展外向型经济，将建立和完善出口生产体系作为重中之重来抓，使全市逐步形成了金属工具、眼镜、机械、化工、轻纺、服装等出口支柱产业。在税收方面，为了鼓励外向经济，DY地方政府出台了“两免三减半”优惠政策：外资企业进入中国在前两年免交所得税，而后三年交税额减半。在此过程中，正如Nee和Opper（2012）观察的，地方政府一般在引进外资项目过程中会对在这个时期仍然具有高合法性的乡镇企业作为“担保人”角色，以服务为主。例如，在对ST镇政府经济服务中心工作人员的访谈中谈道：

① 资料来源于《DY乡镇工业志》。

“某个项目来了，政府要服务好了，拿出我们的激励政策来。”

显然，在此期间对于DY的眼镜产业集群来说，外部宏观政策环境、地方的制度激励和地方政府行为倾向的改变，均为其提供了一个良好的“向外”学习的情境基础。事实上这也成了DY眼镜产业集群提升竞争力和进行知识创新的重要契机。

2.关键事件

1992年到1998年，对于DY眼镜集群而言是一个制度创业以及集群整体探索式学习阶段。在此期间，集群最为关键的事件是眼镜片生产技术发生革命性变化：由早期的玻璃镜片生产技术变为树脂镜片生产技术。本书的文档数据中记载到：“CR-39是一种热固性树脂，可以制成各种中、高档镜片，其特点是透明度高，光学性能优越，易成型，抗冲击，防紫外线，但不如玻璃耐磨。若给CR-39表面镀一层硬膜，则耐磨性可提高三倍以上，为优质高档镜片。CR-39镜片不仅可以代替玻璃镜片用于矫正视力，更是优良的职工劳动保护用品。”①

由上述可以看出，这种新型的树脂镜片生产技术是完全脱离了DY集群已有的生产技术的——玻璃镜片生产技术。对集群来说，这是一种探索式的学习结果，这一点也符合Lavie等学者（2010）对组织探索式学习行为的定义。这种集群探索式学习不仅仅表现为对技术的开发，也表现为企业产品销售模式由单一的国内销售转变为外销模式与内销模式相结合。这种转变，源于集群的领头企业在这个时期对行为的反思和制度创业的激励效应（如厂长承包责任制度、企业独立法人制度、参加国际展会等）。本书文档数据中记载到：“面对这场突如其来的暴风雨，一心想干事业的T总心急如焚，‘那时候我的头发是大把大把地掉’。他把自己关在办公室里，并不停地问自己：‘我们

① 资料来源于《ZJ市A公司光学眼镜有限公司CR-39镜片生产可行性报告》。

的民族企业为什么会这么经不起冲击?’在企业经营状况还比较困难的情况下，依然花重金聘请韩国工程师来企业指导，生产出了能和韩国产品基本抗衡的产品，并主动放弃对国内市场的争夺，进军国际市场。1993年，T总发现CR-39树脂镜片在国际市场热了起来，并敏锐地意识到这将是一个拥有广阔市场的新产品。100多个艰辛的日日夜夜后，品质优良的CR39树脂镜片在流水线上成功诞生。”①

另外，1992年随着改革开放的进程日益加深，DY地方政府开始推行吸引外资的政策。在眼镜产业中，集群首个以合资方式出现的企业——江苏B眼镜公司成立，在产权结构上表现为资本结构的趋异性变革。如前文所描述的，这种组织模式在产权结构上的创新表现——中外股份合作制，在很大程度上激励了集群整体引入新的学习机制。

由此开始，在DY眼镜产业集群内开始出现外资企业，以中外合资和独资企业方式入驻产业集群。这种由地方政府提出的政策通过引入外来行为者的形式从20世纪90年代初期激励了集群探索式学习行为——引入与以往不同的管理理念、产品生产技术和材料等，给集群带来了新知识。在对ST镇政府经济服务中心工作人员采访中，受访者谈道：“1992年B公司入驻ST以后，由于吸取了外来的资金，一些外资企业的人员就会过来，这样就能够吸取外来的管理理念。对我们这个江南纯乡镇企业来说是有明显变化的。”

3.集群组织模式特征

1992年开始，随着中国市场经济的快速发展，DY眼镜产业集群中出现了多种产权结构，销售模式也发生了变化，与以往集群整体所遵循的集体企业潜在的价值观及其所规定的组织模式相比，是明显的制度创业过程。

从销售模式上看，这个时期首次开始出现了参加国际展会的组织

① 资料来源于DY眼镜商会内部资料。

活动方式，对于DY地区来说是一种独特的、区别于以往制度框架限制的制度创业活动。如上文数据所示，这种活动带来了DY产业集群革命性的技术创新——树脂镜片生产技术。

从产权方面看，这个时期的DY眼镜生产企业集群组织模式由乡镇企业整体转型为私营企业和中外合资企业。随着这种激励更大的组织模式给企业带来了效益，新的组织模式逐渐被集群地方行为者所接受。1996年，随着眼镜集群中的私人企业日益增多并且越来越活跃，企业开始转制。截至1998年，眼镜集群内的所有企业均转制为私营企业。

“三项制度改革和产品质量整顿以及班子建设，其中重点是三项制度改革：①在人事改革中主要是精简机构，减少冗员，做到人尽其责，人尽其才，打破干部职工的身份界限，管理人员实行竞聘上岗，能上能下；②在用工制度改革中，主要是建立健全动态的定岗、定员、定编制度，以产定人，以岗定员，裁减超编岗位和人员；③在分配制度改革中，主要是按照多劳多得原则，根据职工实际贡献、岗位责任大小以及技术等级拉开分配差距，实行量化考核。”[①]

与这种集体产权改制同期的，是个人产权企业高度的自由和激励效应，包括企业战略和行为的自主决策、产权和收入归个人所有、追求市场利益的最大化等。在DY眼镜集群的发展历程中，这种更高激励、更高效的产权安排，为集群带来了活力，这与有关中国转型经济研究中的观察是一致的。

“依托眼镜市场这个‘桥头堡’，ST、DB等地大大小小的眼镜生产企业如雨后春笋般地冒了出来，许多在田间劳作多年的农民摇身一变成了小老板，开始了自己的创业之路。”[②]

---

① 资料来源于《DY市ST镇志》。
② 资料来源于DY眼镜商会内部资料。

另外，与私人企业作为这个时期的制度创业现象能够激励整个集群探索式学习对应的是，这些个体产权的企业在提高集群整体效率的同时，也逐渐增强了其自身的合法性，延伸出更多的私人组织模式，从而促进了集群组织模式的整体性产权变革。

从1992年开始，以集群中领头企业（A公司和B公司）为代表的集群生产企业，纷纷成了国外掌握新技术企业的代工和零配件生产企业。在私人企业与外国先进企业交流的过程中，集群整体在这个时期表现为引入新的技术和开展探索式学习。正是在此期间，集群整体从上个时期的“封闭系统”开始敞开，引入集群以往没有的新技术，表现为整个时期的知识增加。

4.集群竞争力

从上文的讨论和数据示例中可以看到，在经历了竞争劣势后，DY眼镜产业集群进行了反思和战略调整。这个时期总体来看，集群的知识开始从前一个阶段的平稳和停滞状态转变为以边际递增方式开始再次增加，而集群的整体竞争力也在缓慢地回升。

“在20世纪80年代，整个眼镜行业都处于最低谷时期，包括A公司的前身（ZJ眼镜总厂）也是，是我父亲他们这一辈人带领A公司走出了这个困境，同时也盘活了这个产业。”①

一方面，在这个时期内，集群整体的产权制度改革和销售模式的转变表现为整个组织场域的制度创业过程。集体企业普遍采用厂长承包责任制、中外合资和外商独资企业进入集群、私人企业逐步代替乡镇集体企业、产品外销出口等变化均是以往没有的组织行为和模式。这种转变大大激励了集群的行为者进行探索式学习，如引入镜架和镜片生产的新材料、私人企业在为国外先进企业配套加工和外销代工过程中，逐步掌握了新产品的生产技术，这是集群以往所没有的。

① DY眼镜商会内部资料。

另一方面，正是因为私人企业和厂长承包等产权制度的激励效应，这些企业在学习过程中保证了组织的效率，从而在此期间获得了越来越高的合法性。到1998年，DY眼镜集群乡镇集体企业改制全部结束，这标志着私人企业在此期间获得了合法性并代替了曾经给集群带来竞争优势的集体产权模式。

可见，在回升期的DY眼镜集群整体处于制度创业过程以及探索式学习中，后者又以高效的反馈强化了制度创业的合法性。这种自加强的积极互动机制，保证了在20世纪90年代初期的制度创业行为逐渐成为合法化的制度同构行为（1998年企业产权改革得到认同），以及探索性学习随着时间演进再次成为了集群的利用式学习（树脂镜片技术的扩散）。这一过程与集群形成的最初阶段（20世纪60年代末至1978年）的内在机制是一致的。

4.5 第五阶段：快速发展期（1999年至2006年）

从1999年开始，DY眼镜产业集群开始再一次进入到高速发展阶段，至2006年，集群整体生产技术已经进入成熟阶段并发展出与眼镜生产相关的一系列劳动分工和完整的产业链条。与上个快速发展期（1979年至1987年）获得“眼镜之乡”荣誉类似，至2006年，DY眼镜集群荣获“中国眼镜生产基地”称号，此后作为一个生产基地定位于整个世界的眼镜产业中。

与此相对应的是，也正是在2006年整个产业集群竞争力发展顶峰开始，集群内产品再次趋于同质化。从理论上看，这个时期集群整体竞争力的高速发展来源于集群所有行为者的再次制度性同构过程以及背后的利用式学习，集群整体知识在这个时期结束时再次停止增长。伴随集群发展至顶峰一起到来的是制度性的矛盾和再次制度创业的开始（2007年至2012年）。

1.集群社会情境

从21世纪开始，中国市场经济体制转型和改革开放进一步深化，中国社会整体进入到民营经济快速发展的阶段（Nee and Opper, 2012）。与此同时，外向经济也随着中国加入世贸组织而加快了发展的脚步，表现为中国大部分制造业在此阶段成为世界性生产基地，“中国制造”也在此时期表现得最为明显和被全世界所熟知。

在DY地区，全市全面实施“外向型经济”和“民营经济”两项战略，成为经济发展的主要政策导向。从地区发展的角度看，整个DY市也随着国家经济快速发展的步伐而快速前进。在这个时期，DY全市工业经济呈现出三个特点：规模企业带动效果明显，外向带动成果明显，民营经济发展迅速。私人企业和外资企业在1999年之后逐步发展成为地区经济构成的主体部分。同时，“大力推进农村全面改革，优化第三产业，发展服务业，推进体制创新，扩大对外开放，发展非公有制经济”①。这一时期DY地区改革的进程可以从民营经济在DY市ST镇（眼镜产业在DY市的重要集聚地之一）的快速扩大看出来：“到2005年，原ST有个体和私营工业企业各约400家、共约800家。原全州个体户657家，私营工业企业255家，原河阳的三桥、河阳、杏虎3个村个体户近100家，私营工业企业20家。个体、私营经济已成为繁荣DY、ST的重要组成部分。”②

与眼镜集群面临的社会制度环境逐步放开相一致的是这个时期的眼镜产业整体处于产品、技术和市场快速发展的时期。中国眼镜市场的需求量逐步增加，至20世纪90年代中期树脂镜片也成了眼镜市场中被消费者认可的新产品。从国内眼镜市场整体的生产和流通领域

① 资料来源于《DY市ST镇志》。
② 资料来源于《DY市ST镇志》。

看，这个时期处于高速发展和整体技术、产品升级阶段。这种外部环境为DY眼镜产业集群提供了良好的发展机会。例如，在对A公司T总的访谈中受访者谈道：“这段时间国内市场基本上成熟了，我们的产品质量都上去了，无论是眼镜架还是眼镜片，消费者已经能接受了，再加上这段时间中国的经济也在不断发展，人们的收入也在不断增加，学生戴眼镜的比例越来越高，老年人戴眼镜的也越来越多，所以市场的需求也越来越大。以前上海就只有几家眼镜店，现在有近1 000家，到处都是眼镜店。”

可见，由集群领头企业在20世纪90年代中期研发和创新的树脂镜片生产技术，在集群快速发展期间也普及了。当然，这既是为集群在此期间获得竞争力的基础，也是导致下个时期再次产生制度创业和集群整体探索式学习的前提。

2.关键事件

随着DY产业集群的不断发展，1999年DY眼镜商会在集群领头企业内部挂牌成立。这一年的产业集群刚刚从低谷中走出来，因此商会在1999年并没有发挥实质性作用，而是作为一种规范企业的职业团体刚刚起步，并在随后的发展过程中成为集群内部沟通和交流的重要平台。

另外，从产业集群整体的生产技术来看，与1979年到1987年的集群快速成长期类似，集群整体的技术水平有所提高。20世纪90年代集群的探索式学习成果——树脂镜片生产技术在集群内部充分扩散，表现为集群整体产品的“更新换代”。在对DY地方商会秘书长第一次访谈中受访者谈道：“DY市这些原来做玻璃镜片的企业慢慢的就发展起来了，开始做树脂镜片，这又是一个时代了，树脂镜片时代又把DY的眼镜行业提升了一个层次。”

可见，1999年到2006年DY眼镜集群最关键的事件之一是树脂镜片生产技术的扩散，以及由此带来的集群整体竞争力的提高。对于集群整体来说，在20世纪90年代初期的探索式学习成果也在这个阶段发展成了集群整体的利用式学习内容。

从产业集群的劳动分工看，随着树脂镜片技术的普及和经济范围的扩大，从20世纪初期开始，集群内部开始出现专业树脂镜片镀膜、胶圈生产等与镜片产品配套的企业。这些企业间的配套生产，用经济地理学家的语言讲是在集群的经济结构间的知识创新，对集群在短期内带来了生产技术上的改进（refinement）。这种知识创新的方式，用组织学习理论（March，1991）的语言来讲，是对集群已有知识的利用，并没有脱离原有的技术轨迹——树脂镜片生产技术。这是集群整体利用式学习的典型表现，也是“随着时间的推移，探索式学习最终演变为利用式学习”（Lavie et al.，2010）的典范。

“20世纪90年代中期，国内第一片树脂镜片在A公司诞生。在A公司的领跑之下，DY的眼镜企业纷纷加入树脂镜片的生产行列，经过大家的不懈努力和精心培育，树脂镜片生产工艺日趋成熟，市场不断扩大。DY镜片企业驶入高速发展的轨道，众多企业日进斗金，赚得盆满钵满。2006年拐点乍现，价格战悄然掀起且越演越烈，企业的利润空间大幅压缩，好多镜片企业老板感叹‘生意没有以前那么好做了’，从50%以上的利润到10%的利润，高利润点燃的激情已经慢慢消散。探究DY眼镜企业，你会发现，好多镜片企业的厂房都建于2000年以后，这是一次集体飞跃，许多租、借厂房的企业、空壳公司纷纷有了实体。当时的鼎盛可以透过这样的细节来窥见：一栋栋大楼拔地而起，而且在圈地建厂房的同时，镜片生产企业还纷纷腾出手来添置机器设备，仅用了两三年时间，DY就买回了140多台韩国镀膜机等先进生产设备。这些每台价值200多万元的设备，成为众多镜片企业生产流水线上的一道风景，标志着企业已经武装到牙齿，成为一只只五脏俱全的‘麻雀’，基本不再需要请人代加工。拐点乍现：2006年，虽说总体仍在上行，但敏感的眼镜人还是从中嗅出了变化的味道，只要有货就不愁卖的时代已经终结，价格战悄然掀起。由于产品高度同质化，而产能又快速扩张，一家家企业为了争夺生存之机，价格战日趋白热化。红火时一付加硬镀膜的树脂镜片批发价为40元，在价格战下，一路狂跌至6元。而且在强烈的竞争之下，行业空前透明，各种噱头无处遁形，价格再也提不上去了。”①

从上面的表述中明显可以看出来，在高速发展的期间，DY集群内整体的产业和企业规模扩张，利用已有知识并将其转化为市场价值的发展趋势。例如，2003年中国眼镜工业园被列为省级乡镇工业小区，标志着产业集群的壮大。2005年一批完成原始积累的眼镜生产企业进入二次创业高峰期，出现了一股建厂房、添设备的热潮。显然，这是在利用已有的技术进行规模化扩张。至2006年，DY眼镜集群荣获“中国眼镜生产基地”称号，也意味着集群整体进入了新一轮的竞争，而伴随其到来的，则是新一轮的知识同构化和“悄然掀起的价格战”，导致了制度矛盾并激发了行动者的反思，这一点与集群1979年到1987年的竞争力快速增强的表现是一致的。

3.集群组织模式特征

从1992年到1998年制度创业过程进入到了制度同构化的过程。这种组织模式在1999年到2006年成了保障产业集群规模扩张和规范性同构过程（normative process）的基础。进而，产业集群内产生了大量的离厂创业的行为者，而这种变化相对于上个时期已经获得合法性的私人企业来说，是同构方向的组织变革（convergent change）。由此，这种制度同构化的过程再次如1979年到1987年的高速发展期一样，保证和加强了集群整体的利用式学习，表现为离厂创业利用已有

① 资料来源于DY眼镜商会内部资料。

树脂镜片生产技术、私人企业间的自由交易和相互模仿使得在上个时期还是探索式学习的树脂镜片生产技术，在集群内部快速扩散直至趋同。在对DY地方商会秘书长第二次访谈中受访者谈道：“2000年之后树脂镜片技术也比较成熟了，大家都来办厂了，因为这个需要，大家就出来创业了。”

从营销方面看，在集群竞争力快速提升阶段，DY眼镜生产企业整体仍然以制造者和生产者的身份定位产品的营销模式，这一点源于其内在的价值观：“做产品”而非“做品牌”。如前所述，这一时期的眼镜企业在对外销售时成了典型的代工企业，完成了规模的扩大和竞争力的提高。这种利用已有知识代工生产和“卖产品”的销售方式，也来自于对集群内成功企业的模仿，是典型的基于合法性的制度同构过程。从这个方面来看，在集群的高速发展期间，制度化同构过程再次通过合法性的保障机制促进了集群整体的利用式学习。

4.集群竞争力

显然，与20世纪80年代的DY眼镜产业集群发展的轨迹一样，1999年到2006年的集群竞争力是快速上升的，被称为“大步跨越”的阶段，以“中国眼镜生产基地”的定位出现在眼镜行业中。

“DY眼镜产业拥有1 100余家从事眼镜及相关产业的优势产业集群，形成了从科研、设计到生产、销售一条龙的整齐产业链及社会化分工、规模化配套、上下连接的产业体系。”①

这个时期集群快速发展的背后是集群整体制度化同构过程与利用式学习的相互强化。一方面，制度同构化的过程明显促进了集群组织间的知识交流和同构化。在数据中我们看到，强制性的同构过程（例如，类似的树脂镜片镀膜设备供应商）和规范/认知性同构过程（例如，规定行业眼镜产品的生产标准、跟随企业模仿领头企业等）表现

① 资料来源于DY眼镜商会内部资料。

明显，决定这些行为的是这些制度同构化所驱动的集群整体的利用式学习。另一方面，这种利用式学习为集群整体带来了效益的快速提升，又进一步加强了集群制度性的同构。例如，在对A公司T总的访谈中受访者谈道："以我们A公司为首，把这个产品研发出来了，把市场给打开了，后面的企业就跟着上来了，一个集群总要有个龙头。"

与1979年到1987年的集群竞争力高速增长一致，在集群内部知识快速扩散利用式学习长期发展后，到2006年，集群整体知识再一次进入了平缓的发展阶段，而创新力下降的直接结果就是如上文所述的"悄然而至的价格战"以及行业平均利润的迅速下降。当然，在集群内部正是基于这种过度竞争带来的集聚不经济效应，部分组织开始了制度创业和集群整体探索式学习。从理论上看，集群整体再次进入到基于制度矛盾的制度创业和探索式学习的过渡阶段（2007年至2012年）。本书的观察和数据也证明了这一点。

4.6 第六阶段：平稳发展期（2007年至2012年）

自2007年开始，DY眼镜产业集群整体竞争力再次进入了平稳发展阶段。集群内部的长期利用式学习导致集群整体效率降低，例如，上文访谈中所提到的自2006年年末开始的价格战、树脂镜片生产的利润率下跌甚至接近于零，以及集群生产企业日益对"产品白包装"[①]销售模式的不满，都是效率低下的表现。这种知识趋同的背后是长期的利用式学习。伴随这种矛盾而来的是行为者在此期间对已有生产方式、组织模式等的反思，一些行为者开始改革和再次引入集群外部的新知识。

---

① 产品白包装是指集群企业仅仅作为镜片生产者为销售企业供应产品，而没有自主品牌实践和做广告等行为。

从理论上讲，这个时期DY眼镜生产集群在经历了长期的制度性同构化和利用式学习后催生了制度矛盾。在本书调研时期（竞争力平稳发展期的后半阶段），集群内部已经开始产生作为整体的制度创业过程和探索式学习行为。因此，本书认为这个时期在理论上是制度矛盾期向制度创业和集群探索式学习行为过渡的时期。

1.集群社会情境

从集群宏观环境看，随着中国体制转型的步伐日益加快，外向型经济和民营经济成为经济增长的两项战略。在全国经济中，民营经济成分占据越来越大的比例，逐步成为中国经济发展的主要动力。这一点在以乡镇产业集群为特征的长江三角洲尤为明显（Nee and Opper，2012）。

与社会学家这种观察一致，DY地区在2007年到2012年农村经济体制改革成效显著，农村城镇化比例大幅提升。在DY集群，地方政府以及其代理机构形成了区域性支持和服务网络，如经济服务中心、市工商局、政协、龙头企业和行业协会等组织。在此期间，地方政府出台了多项激励性政策刺激眼镜产业集群的转型和升级；DY眼镜商会也发挥着越来越大的平台作用，如对行业整体矛盾的反思、号召并申请江苏省区域品牌等。

从全国眼镜行业来看，这一时期随着树脂镜片生产技术在行业内的普及和泛化，创业规模和创业成本也在逐年上升。例如，镜片原材料价格上涨、用工成本上升等，必然要求DY眼镜产业集群在这个时期进行调整和转型。行业内部规范日益增强，如2009年，行业中形成了眼镜产品生产许可证企业实地核查办法，意味着眼镜行业形成了明确的进入标准。在这些行业整体的变化面前，DY眼镜集群的领头人也在此期间产生了反思：“中国眼镜产业近几年发展得很快，可以说已成为世界的眼镜生产基地。世界上60%~70%的眼镜产品都产自中国，而在中国80%左右都是在做贴牌生产，因为劳动力成本的低廉，所以中间我们有一定的利润可以赚取。可是面对今天劳动力成本的提高、原材料成本的上涨、人民币汇率的变动，中间的利润也在降低。面对这些难题，我们要提升企业的核心竞争力，提升品牌效应，将我们的优势发挥得更好。”①

由此可见，在经历了高速成长后，眼镜产业中的先动者开始敏锐地意识到产业转型和升级的必要性，体现为能动性的反思和行动。

2.关键事件

2007年到2012年，DY产业集群整体出现了树脂镜片的价格战，产品高度同质化。曾经把产业集群从低谷中挽救出来的CR-39树脂镜片生产技术的利润从快速成长期的50%降低到了接近零的状态。用组织理论的语言讲，这种组织场域内制度同构化的利用式学习效应达到了极致，表现为制度性的矛盾。基于此，DY眼镜集群的先行者已经开始觉察并进行反思。这两种表现在我们的文档数据中有明确证据：“眼镜产品同质化程度高，眼镜企业间的竞争也越来越激烈，眼镜企业之间的价格战也在不断吞噬眼镜企业的利润空间。”②

“眼镜业属于制造业，近年来镜片产品一直维持着10%左右的利润空间。对于经历过行业爆发期的眼镜人来说，高利润的诱惑如同不灭的火焰，无时无刻不在心中燃烧。不可否认，资本有着本能的逐利性，寻找更高的利润增长点，是每一名创业者的梦想。但对于走在半路上的中国眼镜人来说，此时如何克服浮躁、摆正心态，专注于通过实体经济在本行业内干出一番事业，成就强国梦想，才是应有之义。”③

① 资料来源于DY眼镜商会内部资料。
② 资料来源于DY眼镜商会内部资料。
③ 资料来源于DY眼镜商会内部资料。

基于上述反思，集群整体开始以自主品牌和区域品牌实践改变营销模式。2012年，由DY市眼镜商会申报的“DY眼镜”集体商标正式通过“江苏区域名牌”认证。同年，市政协举行“中国DY眼镜文化节”专题协商会，重新界定眼镜产品的整体营销定位，这种转变与集群快速发展期的定位——“做产品、卖产品”形成了鲜明的对比：“中国人民政治协商会议第十四届全国委员会第一次会议期间，部分政协委员提出了关于举办中国DY眼镜文化节的提案，建议通过举办这项活动把DY眼镜这张城市名片擦得更亮，并且以眼镜文化节为起点，培育和打造一个DY招商引资、展示形象的崭新平台，推动我市招商引资、城市建设和现代服务业加快发展。”①

3.集群组织模式特征

从产权方面看，在上文对集群整体情境的描述中可以看到，这个时期私人产权为绝对主体部分。地方政府的职能也从早期集体经济时期的管理转变为现在的以服务为主，建设与眼镜从业企业、眼镜行业商会之间沟通和协调的平台。

与此相比，2007年至2012年，集群企业组织模式中的营销方式发生了改变：眼镜生产企业主要营销自主品牌和区域品牌，这一点来源于组织模式之前所遵循的内在价值观（从“做产品”到“做品牌”）的转变。当然，从理论上讲，这种趋异性的组织变革（divergent change）在这一时期引起了行为者的争议，符合Greenwood和Suddaby（2006）等制度学者对制度创业者的界定。

“以前，由于眼镜生产企业规模较小，产品质量参差不齐，加之自身缺乏宣传和品牌培养意识，大多数企业不愿意花钱做广告，只埋头生产眼镜，现在这种状况发生了变化。”②

① 资料来源于DY眼镜商会内部资料。
② 资料来源于DY眼镜商会内部资料。

然而，随着价格战和日益降低的利润等矛盾日益突出，集群整体已经开始转变。一方面，在这个时期内企业自身以创品牌和做广告等方式作为营销的新方式；另一方面，DY眼镜商会作为集群企业代表，进行地区的品牌实践。这些在本书的访谈数据和文档数据中有明确的证据。例如，在对地方商会成员的访谈中受访者谈道："DY眼镜行业开始注重自己的品牌。生产企业是这样的，开始只知道做产品，把生产出来的产品白包装。这几年利润太低了，那怎么办？要转型：通过品牌来拉高自己的利润……好，我们镜片生产商就开始做自己的品牌。"

类似地，在文档数据中还表述道："最近两年，在市眼镜商会的牵头下，眼镜行业与市慈善会联合开展了系列帮扶活动，赢得了广泛赞誉，打造了区域品牌。它的持久生命力依赖于DY的每一个眼镜企业，因此需要好好珍惜自身形象。"①

上述的转变不仅仅来自于产品同质化所导致的利润降低（如前文数据显示），也来自于部分集群内部的先行者潜在价值观的转变，即认为自主品牌和区域品牌营销模式能带来自我和区域的整体价值认同感。这是无效率性（inefficiency）和未能满足利益（misaligned interests）两种制度矛盾的典型表现（Seo and Creed，2002）。

"说起打造品牌的初衷，T总讲起了他一直耿耿于怀的一些事情：每次参加国际眼镜业展览会，中国企业的展位都被安排在不起眼的角落，显眼处基本都是国外的大企业；不少国外公司买了中国眼镜企业的白片，回去重新包装、贴上牌子，再到中国就是身价倍增的国际品牌产品了。面对这一现实，T总提出了打造民族品牌的构想，并率先走上了创品牌之路。"②

---

① 资料来源于DY眼镜商会内部资料。
② 资料来源于DY眼镜商会内部资料。

与1992年到1998年间一样，这种新的组织模式激励了组织探索式的学习，去搜寻、学习以往集群所不具备的新知识。

一方面，为了企业和集群整体的品牌建构，集群开始学习和传播有关品牌运营和管理的方法。这一点在本书的档案数据中有所体现："素有'策划少帅'之称的联合国国际信息科学院院士、深圳大学传播系主任余明阳应邀来到DY，给DY市企业家、企业高层管理人员做'品牌与战略的管理'讲座。这是由DY工商联、DY市眼镜商会共同承办的'上海交通大学EMBA总裁研修专题讲座'，在企业家中反响很好，当场就有人签约要求参加常年的研修班。"①

另一方面，为了支撑品牌销售模式，集群中的先行者已经通过中外合资企业再次引入眼镜生产的新技术和新知识。这被DY眼镜产业的从业者类比成1992年集群吸引B公司作为第一家外资企业进入集群，会带来"积极的带动效应"。

"本土第一品牌A公司与世界眼镜制造巨鳄Y公司就镜片发展理念达成共识，于2010年12月18日正式签约，组建江苏A公司光学有限公司，双方将在镜片领域展开深度合作。A公司与Y公司牵手合作，是市场的需要、发展的需要，更是历史的必然。A公司虽然从乡镇企业发展到了现在成为本土镜片业的领跑者，但也遇到了发展的瓶颈。选择跟Y公司合作就是为了更好地发展，突破技术瓶颈，在最短的时间内使生产、管理以及品牌都提升到更高的层面。双方都表示将竭尽全力推动A公司的品牌战略，将A公司打造成世界品牌。"②

当然，如前文所述，在本书调研期间我们观察到了一部分领头企业和地方精英已经开始新一轮的制度创业和探索式学习。至调研工作

① 资料来源于DY眼镜商会内部资料。
② 资料来源于DY眼镜商会内部资料。

结束时，2007年到2012年的集群竞争力发展正处于制度矛盾期向制度创业期过渡的阶段。

4.集群竞争力

从集群整体层面看，2007年到2012年，DY眼镜产业进入了新一轮的平稳发展期。因为前期的探索式学习学到的新知识已经充分转化为集群整体利用式学习的成果，所以这段时间集群整体竞争力的绝对水平是较高的。这种演进的背后是因为集群整体的知识增长速度有所减缓，与技术快速扩散形成了鲜明的对比。这一点在对E公司Z总的第二次访谈中得到佐证："2007年到2012年，不是盲目地发展，而是走向成熟了，爆发性的增长没有了。"

类似地，在本书的文档数据中也有所体现："经过多年的发展，DY的树脂镜片也形成了独特的竞争优势，国际、国内市场对树脂镜片需求很大。DY镜片与市场建立起的这种稳固的关系，使得DY的镜片企业目前还没有人能够潇洒地离场。因此，在新的替代品出现之前，树脂镜片依然是DY镜片企业赖以生存和发展的基础。尽管没有了当初的激情，但各家企业依然不会放弃。"①

从理论层面看，这个时期DY眼镜产业集群平缓发展的原因是长期（1999年—2006年）的制度同构化过程和集群利用式学习所导致的制度矛盾和意识的反思性转移，集群开始新一轮的制度创业和探索式学习。在上文列举的数据中我们可以看到，集群在这个时期的发展引起了行为者的反思以及部分先行者开始制度创业和探索式学习。值得注意的是，至本书数据收集结束时，集群整体的制度创业过程和探索式学习行为才刚刚起步，因此本书将这种集群整体正在发生的转变理解为理论上制度矛盾向制度创业的过渡。

DY眼镜产业集群发展历程如表4-1所示。

---

① 资料来源于DY眼镜商会内部资料。

表4-1　　DY眼镜产业集群发展历程

时间	20世纪60年代末至1978年	1979—1987年	1988—1991年
整体定位	● 在计划经济体制外的眼镜产品加工地	● 眼镜产品加工地和内贸平台	● 眼镜产品加工地和内贸平台
集群构成	● 地方政府及代理者：地方政府/党委由一名县/乡/镇长主管工业，下设工业办公室，执行地方政府和党委的集体决策，是集体眼镜厂的管理者 ● 生产领域：集体产权眼镜生产厂开始创办	● 地方政府及代理者：工业公司，是地方政府代理机构，职能与工业办公室相同 ● 生产领域：集体产权眼镜生产厂为绝对主体 ● 销售领域：出现眼镜商贩	● 地方政府及代理者：工业公司仍然是企业的实际决策和管理者 ● 生产领域：集体产权眼镜生产厂迅速减少；开始产生私有产权眼镜生产个体户 ● 销售领域：大量眼镜商贩
企业组织模式	● 集体产权组织兴起	● 集体产权组织合法性提高，是主导性组织模式 ● 私有产权组织模式萌芽	● 私有产权企业开始出现
产品技术特征	● 镜架产品由塑料、铁等材料进行简单加工；镜片产品由玻璃镜片磨片加工，集群整体作为眼镜产品半成品供应商	● 技术改进并在集群内迅速普及和同质化：镜架出现金属材料；镜片是玻璃磨片	● 技术相对滞后：镜架材料仍然是低档金属；镜片生产仍是玻璃磨片

续表

时间	20世纪60年代末至1978年	1979—1987年	1988—1991年
劳动分工	● 镜架和镜片生产技术低下，两种产品的劳动分工主要在集体眼镜厂内完成	● 随着集群产业规模的扩大，在销售领域出现大量镜片和镜架商贩	● 在销售领域有大量镜片和镜架商贩，带来国外先进产品；镜片生产仍是无劳动分工，镜架生产开始产生少量的配件厂
创业资源要求	● 低	● 低	● 低
行业竞争力	● 缓慢提升，竞争力弱	● 快速成长至平稳，竞争力强	● 快速回落，竞争力弱
时间	1992—1998年	1999—2006年	2007—2012年
整体定位	● 眼镜产品加工和贸易基地	● 眼镜产品生产以及国内、外贸易基地	● 眼镜产品生产、贸易和品牌基地
集群构成	● 地方政府及代理者：企业管理站，开始专项服务 ● 生产领域：个体户缓慢发展；集体企业转为私人产权；外资企业开始进入集群 ● 销售领域：集群开始出口产品，OEM DY眼镜市场为国内销售平台	● 地方政府及代理者：经济服务中心、市工商局等机构，以服务为主 ● DY眼镜商会：未发挥实质性作用 ● 生产领域：私有企业，合资企业，产品研发机构 ● 销售领域：内销和OEM结合；部分先行者打造品牌	● 地方政府及代理者：经济服务中心、市工商局、政协等机构，服务职能得到强化 ● DY眼镜商会：协调集群内、外部的重要组织 ● 生产领域：私有企业，合资企业，产品研发机构 ● 销售领域：内销和OEM结合；区域品牌和自主品牌实践起步

续表

时间	1992—1998年	1999—2006年	2007—2012年
企业组织模式	● 私有产权代替集体产权	● 私有产权快速发展，内在价值观是“做产品”	● 私有企业主导，内在价值观开始过渡到“做品牌”
产品技术特征	● 镜架产品技术含量提高；镜片产品出现革命性技术创新——树脂镜片生产，但未普及	● 集群整体转向镜片产品的集聚地：镜架生产技术逐渐提高，但整体较低；树脂镜片生产技术全面替代玻璃镜片生产技术	● 产品同质化向创新过渡：树脂镜片生产技术逐渐普及并同质化，但开始了技术创新
劳动分工	● 镜架除整体生产外，逐渐产生私营企业的镜架配件厂；镜片生产技术开始创新	● 树脂镜片生产企业快速增加，并催生配件生产企业，但随后又大量减少	● 产品以整体生产为主，配件生产为辅
创业资源要求	● 较低	● 中等	● 较高
行业竞争力	● 缓慢回升，竞争力弱	● 迅速上升，竞争力强	● 平缓发展，竞争力强

第5章

产业集群演进机制：一个动态过程模型

本书从过程导向的方法论（process approach，Van de ven，2005）入手，基于知识观视角（knowledge-based view of cluster，Pouder and St. John，1996，Arikan，2009）探究产业集群竞争力和成长背后的内在机制。通过理论分析和对中国典型乡镇产业集群的纵向深度案例研究发现，产业集群演进过的内在动力是行为者的制度性变革及学习行为的相互作用。在长期发展过程中，这种制度性变革和学习行为对产业集群整体在其行业中竞争所依赖的知识资源产生了重要影响，进而导致产业集群竞争力的波动。

按定性研究的描述（description）和叙述（narrative）方法（Miles and Huberman，1994），上一章从现象层面梳理和报告了DY眼镜产业集群在其40余年的形成和发展历程中的情境总体特征、关键事件、组织模式特征（体现特定时期内的制度特征）、竞争力（体现产业集群整体的组织学习行为和知识变化），以及这些因素的发展态势和波动规律。在此基础上，按定性研究的解释性（explanation）要求（Miles and Huberman，1994），本章从理论层面进一步从案例研究中进行理论抽象，探究产业集群成长和竞争力波动背后的内在动力机制，发展出一个基于过程视角的“元”模型。

据此，首先在对DY眼镜产业集群案例叙述的基础上，本章进一步解释其现象背后理论层面的驱动因素；其次本章进一步从这个演进机制的背后抽象出一个以制度性变革、组织学习为基本理论架构的动态过程模型；最后本章对上述模型进行进一步评价。

5.1 产业集群演进规律

从案例叙述可以看出，与基于经济地理学和产业经济学等学科强调资源和成本视角（Krugman，1991）看待产业集群现象不同，本书基于组织理论视角认为，产业集群现象的产生和发展来自于相同产业中的企业对知识资源的需求和利用。在本书的案例中，自20世纪60年代末开始在DY地域范围内出现了以往所没有的新知识——眼镜生产技术，导致眼镜产业集群的出现。当时，苏州和上海等地国有眼镜厂的工人返乡到DY。另外，虽然那时中国是计划经济，但在东南沿海地区，地方政府开始有些自主权。这两个因素作为一个制度创业的触动力导致了眼镜产业在DY地区的形成。农村地区集体产权性质的企业组织模式诞生，意味着DY眼镜产业集群整体的制度创业过程开始了。DY地方政府及其所构建的集体企业组织成了产业集群中最早的制度创业者。这种创建新组织的制度创业方式在其发展的早期是受争议的（contestation，Greenwood and Sudday，2006）。正是因为这种能够打破已有制度框架约束的组织模式，构建了新规则，为DY集群带来了基于权力分权的激励，国有企业的眼镜工人到农村为集群整体获得新的知识资源提供了条件，由此催生了DY地方政府及其代理者的探索式学习并获取了新知识。例如，自20世纪60年代末开始DY集群的地方政府开始对返乡的眼镜生产技术人员进行搜寻，以技术人员输入、市场信息输入和工业设备输入等方式带来了新的眼镜产品生产知识。另外，在整个集群形成阶段，全新的生产技能和组织知识所带来的效益——“比农业生产效益高”“比国有企业机制灵活”等数据表明，这种高效率逐步增强了集群中行为者对这种新组织模式合法性的认可，进而在集群形成期间不断地强化了新组织模式。至1978年，新的制度获得合法性并成了制度同构化的开始。这一点本质上符合制度学者对制度创业过程的描述：制度创业者出现的根本原因是已有的制度框架下组织安排的低效率（在20世纪60年代末的东南沿海农村地区，农业比工业效率低）所致，但在其刚刚出现的早期阶段并不具备高合法性，而是随时间的推移逐步获得合法性；这种以趋异性变革（divergent change）成为下个阶段组织场域的再次投入品（input），将会因其高效率而被再次制度化（Greenwood and Hinings，1996）。因此，我们看到随着时间的推移，高效率的工业组织为DY眼镜产业集群带来了效益，从而使其组织模式本身的合法性增强：在集群形成早期的制度创业与探索式学习互相促进的基础上，逐步进入集群的制度同构化和利用式学习阶段。

在经历了形成期后，DY产业集群作为整体已经演变成为成熟的组织场域（organizational field），制度性压力导致其知识创造的水平随时间推移而下降；整体上，集群知识存量边际递减，增加到历史最大值以后，处于平稳阶段（如图5-1所示）。一方面，DY眼镜产业集群中的行为者符合地方政府及其代理机构的制度安排，创建相似组织模式的集体产权眼镜厂，获取了其赖以生存的合法性。同时，随着产业集聚越来越明显，DY地区的集体眼镜厂中来自同一职业的技术人员相互流动、模仿和交流越来越频繁，这是制度同构的规范过程和模仿过程（DiMaggo and Powell，1983）。表5-1中“一窝蜂地上去了”等数据生动地表明了这一点。随着制度同构化变革（convergent change），DY眼镜生产企业合法性逐渐提高，但利用式学习不断加强，在最初一段时间的效率提高后，效率逐步降低。例如，在数据中可以看到，1979年到1987年间，集体眼镜厂以建立分厂、模仿创业等方式已经形成了当时眼镜产品生产固定的技术标准，并在日常规范（routine）中改进生产和扩大规模。这是利用式学习，即利用已有知识并在同一技术轨迹中改进生产技术（Lavie et al.，2010）。另一方面，与合法性驱动的利用式学习同时发生的，是集群利用式学习扩大了集群整体的知识范围并提高了效率，进而反过来强化了集群的制度同构过程。在数据中我们看到，截至20世纪80年代中期，DY眼镜产业集群整体“都这样干起来，就有了一个大的发展”。

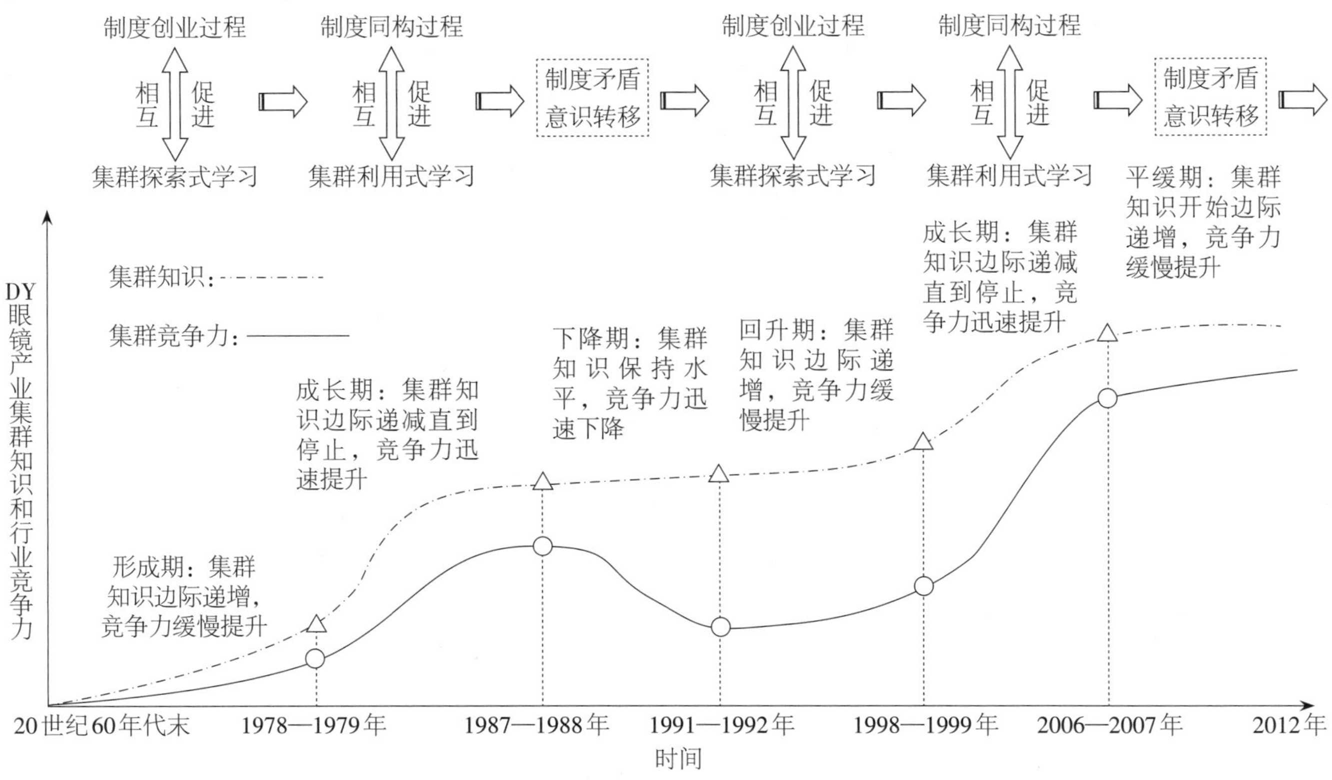

图5-1　DY眼镜产业集群竞争力演进机制及理论解释

表5-1　　　　DY眼镜产业集群演进机制：解释

<table>
<tr><td colspan="3">集群形成期（20世纪60年代末—1978年）</td></tr>
<tr><td colspan="3">集群制度创业过程与集群探索式学习相互加强
集群整体竞争力缓慢增加，知识边际递增</td></tr>
<tr><td>制度创业过程
新制度性变革产生，并逐步获得合法性</td><td>集群制度创业激励探索式学习
←→
集群探索式学习促进制度创业</td><td>集群整体探索式学习
集群作为整体产生新知识，开始向利用式学习转化</td></tr>
<tr><td>➢社、队办集体产权眼镜工业组织模式，是制度创业过程，是打破当时已有制度框架（break the model）和内在价值观（value commitments）的表现</td><td>➢新制度激励（incentive）集群整体搜寻新知识资源，组织效率更高</td><td>➢集群整体学习眼镜产品生产知识，如创新（innovation）和向外搜寻（search）等</td></tr>
<tr><td colspan="3">集群快速发展期（1979年—1987年）</td></tr>
<tr><td colspan="3">集群制度性同构过程与集群利用式学习相互加强
集群整体竞争力快速增加，知识为边际递减，直至停止</td></tr>
<tr><td>制度性同构过程
已有制度框架逐渐强化，合法性显著增强</td><td>集群制度同构保障利用式学习
←→
集群利用式学习加强制度同构</td><td>集群整体利用式学习
集群利用已有知识，并逐渐产生学习近视效应</td></tr>
<tr><td>➢集体性质的眼镜企业组织模式，在发展过程中逐步获得了合法性，集群整体作为组织场域产生了明显的强制性（coercive）、规范性（normative）和模仿性（mimetic）等制度同构化过程</td><td>➢集群形成期的制度创业逐步进入制度同构化过程，合法性保障集群整体的利用式学习，而后者产生的效益加强了组织场域的制度同构化过程</td><td>集群整体大范围利用已有知识并转化为经济效益，如改进技术（refinement）和追求效益（efficiency）等</td></tr>
</table>

续表

集群快速下降期（1988—1991年）		
集群制度同构过程与利用式学习产生制度矛盾 集群整体竞争力快速下降，知识停止增长		
制度同构化过程 制度同构过度发展，集群整体知识资源过度消耗	制度矛盾（institutional contradictions）和意识的反思性转移（reflective shift in consciousness）	集群整体利用式学习 利用式学习过度，集群整体知识停止增加
➢制度同构过程和利用式学习增强了集群的合法性，但同时消耗了集群整体的知识资源	➢长期制度同构过程和学习过度利用知识，产生无效率性（inefficiency）、利益冲突（misaligned interests）、不适应性（nonadaptability）等制度矛盾 ➢集群行为者意识的反思性转移（reflective shift in consciousness）	➢经过长期利用式学习，集群整体知识增长停滞，产品同质化，产生制度矛盾
集群缓慢回升期（1992—1998年）		
集群制度创业过程与集群探索式学习相互加强 集群整体竞争力缓慢回升，知识边际递增		
制度创业过程 新制度性变革产生，并逐步获得合法性	集群制度创业激励探索式学习 ←——→ 集群探索式学习促进制度创业	集群整体探索式学习 集群作为整体产生新知识，开始向利用式学习转化
➢参加展会、法人代表制和私人产权等新组织模式是相对于集体产权组织模式的制度创业者，表现为打破框架（break the model）和内在价值观（value commitments），并开始逐步获得合法性	➢参加展会、法人代表和私人企业等产业集群新组织模式增加了集群整体激励（incentive），开始探索式学习，逐渐产生新知识和提高效率促进了制度创业	➢脱离已有技术轨迹（玻璃镜片和金属镜架生产），集群整体开始学习新知识，如创新（innovation）和向外搜寻（search）、实验（experimentation）等

续表

集群快速发展期（1999—2006年）		
集群制度性同构过程与集群利用式学习相互加强 集群整体竞争力快速增加，知识为边际递减，直至停止		
制度性同构过程 已有制度框架逐渐强化，合法性显著增强	集群制度同构保障利用式学习 ←→ 集群探索式学习促进制 集群利用式学习加强制度同构	集群整体利用式学习 集群利用已有知识，逐渐产生学习近视效应
➢参加展会、OEM、法人制和私人企业等组织模式逐步获得了合法性，集群整体组织场域产生明显的强制性（coercive）、规范性（normative）和模仿性（mimetic）等制度同构化过程。上个历史阶段的集群制度创业过程演变为制度同构化过程	➢为了获取合法性的制度同构化过程——模仿成功者，是集群利用式学习，进而产生经济效益加强了组织场域的制度同构化	➢集群整体大范围利用已有知识（树脂镜片生产技术）并转化为经济效应，包括改进技术（refinement）和追求效益（efficiency）等。上个历史阶段的集群探索式学习演变为集群利用式学习
集群平缓发展期（2007—2012年）		
集群制度同构过程与利用式学习产生制度矛盾和意识的反思性转移，开始产生制度创业和探索式学习 集群整体竞争力平稳发展，知识发展停止，并逐步开始增加		
集群制度矛盾期向制度创业期过渡 制度同构化产生矛盾，但逐步开始产生制度创业	制度矛盾和意识的反思性转移（reflective shift in consciousness），开始过渡到制度创业和探索式学习	集群整体利用式学习向探索式学习过渡 利用式学习产生矛盾，但逐步开始产生探索式学习
➢集群整体的制度同构化过程表现明显 ➢少数先行者开始改变组织模式中的营销观念，从“做产品”变为“做品牌”，是制度矛盾和反思的结果，开始表现为打破已有价值观（break value commitments）	➢集群整体长期制度同构化和利用式学习产生无效率性（inefficiency）、利益冲突（misaligned interests）等制度矛盾 ➢行为者在制度矛盾期意识的反思性转移（reflective shift in consciousness）	➢集群整体处于过度利用式学习导致的知识增加停止状态 ➢少数先行者开始探索式学习新知识（搜寻，search），这来自于建立自主品牌的激励效应

然而，快速成长期的DY眼镜集群却蕴含着危机：最初的制度创业演变成了制度同构化、探索式学习演变成了利用式学习，集群知识的增加也随标准化的眼镜生产技术在集群内的充分扩散而停止，如20世纪80年代末期的产品价格战，就是这种危机的典型表现。由此，DY眼镜产业集群进入了制度矛盾期，而集群整体的竞争力在达到历史最高峰（“20世纪80年代中期的眼镜之乡”）后，开始迅速衰落。

从1987年年末到1991年，制度同构化和利用式学习的长期强化过程直接导致集群创新能力的消失，即集群知识停止增长。刚刚面临开放市场的DY眼镜产业集群受到严重冲击，各种制度矛盾凸显（institutional contradictions，Seo and Creed，2002）。例如，随着制度化程度逐步提高，DY产业集群整体的经济资源和心理资源高度锁定，如“低档眼镜产品相互竞争”；再如，此时外部的市场环境剧烈变动，中国眼镜市场开放，韩国先进眼镜产品涌入中国市场，严重冲击着DY眼镜产业。这两股力量导致Seo和Creed（2002）所言的一类制度矛盾——不适应性（nonadaptation），特别突出：“虽然制度化过程是一种适应性过程，但其一旦发生，在制度中的心理和经济资源即高度锁定，进而不能对外界的环境变化产生有效的反应。”（Seo and Creed，2002）

由此，如案例研究一章中描述的，集体产权眼镜厂的绩效下滑、集体产权眼镜厂大量倒闭以及其中的员工为了追求私人利益而开始创办私营眼镜作坊，都是制度化的无效率性（inefficiency）和利益冲突（misaligned interest）等制度矛盾的典型表现。不适应性、无效率性和利益冲突，这些制度矛盾促成了产业集群整体意识的反思性转移（reflective shift in consciousness，Seo and Creed，2002）和下个时期的制度创业。因此，在经历长期的制度同构化和利用式学习后，产业集群作为一个成熟的组织场域形成了明显的锁定效应，其知识停止增长，而伴随着外部市场的变动，竞争力快速下降（如图5-1所示）。

然而，DY产业集群的发展轨迹并没有如Ponder和St. John（1996）理论所预测的那样——“走向死亡”。相反，1992年到1998年集群知识开始增长，集群竞争力缓慢回升，集群开始再生，呈现阶梯式发展。这一点是Ponder和St. John（1996）理论所没有强调的。

如表5-1所示，在制度矛盾期，集群内部感受到矛盾的行为者在制度同构过程中进行调整，产生“意识的反思性转移（即行为者在意识层面开始对已有阻碍组织效率的制度框架进行反思，Seo and Creed，2002）”，进而促发了制度创业和探索式学习。例如，1992年开始DY眼镜集群领头企业面对当时的竞争劣势，采用了独立法人制度，并积极参加国际眼镜展会；这些制度创新行为激励了集群新一轮的探索式学习，如向集群外部学习当时更为先进的树脂镜片生产技术。在长期制度同构化后的制度创业，激励行为者开始探索式学习，带来了新知识（Levinthal and March，1993）。另外，随着制度矛盾后催生出来的这些更有效率的新组织模式的产生，激励行为者对新知识的搜寻，为集群整体带来了新的竞争优势，集群竞争力开始回升。这些制度创新和探索式学习会再次作为投入品（input）被产业集群其他行为者模仿。至1998年，曾经保障集群形成和发展的制度创业——集体产权组织模式，在经历了长期的制度化后，被具有更高激励结构的、能够带来新知识的独立法人制和私人产权组织模式所代替。用社会学家的语言来说，这是典型的“自下而上的变革”（Nee and Opper，2012）的制度变革过程。

在此期间，产业集群整体的组织模式发生根本性变革并表现为制度创业过程，进一步激励了集群的探索式学习。探索式学习以更有效的方式，如带来新知识和新竞争力，不断加强新组织模式的合法性。这种“制度创业—探索式学习”相互强化过程，带来了集群知识的增加和竞争力的回升，直到进入再次制度同构化过程和集群利用式学习时期（1999年至2006年）。

1999年至2006年，曾经是制度创业形式的法人制、私人产权制、中外合资、外销代工等组织模式，已经在集群长期发展中因为其有效性而变成了主导组织的制度性框架。例如，随着集群中领头企业在1998年由集体产权改为私人产权，其中越来越多的技术工人和地方创业者开始模仿创业。同样地，诸如“眼红怎么办？就要来取得经验”等数据（见表5-1），生动地描述了集群企业模仿成功者和追求合法性的制度同构化过程。同样地，在这个时期，产业集群的同构化过程伴随着集群整体的利用式学习。例如，曾经对于集群来说很陌生的树脂镜片生产技术，通过强制性、规范性、模仿性等制度同构化过程，被标准化并被普及，变得“没那么神秘”了（见表5-1）。同样地，树脂镜片生产技术大范围被利用，反过来也促进了制度的同构化，表现为生产规模扩大和“二次创业高峰期”。这些同构化过程和利用式学习行为也进一步巩固了这个时期产业集群组织所遵循的“做产品”的内在价值观。

在1999年到2006年的集群竞争力快速发展期，产业集群作为组织场域不断制度同构化和广泛进行利用式学习，形成了以“做产品”为内在价值观的私人眼镜生产企业模式，改进树脂镜片生产技术（refinement），扩大生产效益（efficiency）。在其竞争力达到另一次历史最高点的同时（典型证据是荣获“中国眼镜生产基地”），产业集群整体的知识再次停止增加，最直接的表现是2006年年末开始出现的产品价格战和利润率大幅度下滑。与1987年一样，此时的眼镜产业集群在制度同构化与利用式学习长期互相强化后，产生了制度矛盾。

如表5-1所示，在我们对案例集群观察的最后一个时期，集群整体处于制度矛盾状态并开始向新一轮的制度创业和探索式学习过渡，如开始品牌建构和引入高折射率镜片生产技术。案例研究表明，自2007年开始，DY眼镜产业集群中的价格战表现得非常明显，这是在经历了1999年到2006年这段时间的利用式学习后集群知识停止增长的典型表现。这一现象导致的直接结果就是普通树脂镜片"利润薄的像张纸"。这是无效率性（inefficiency）制度矛盾的表现——为了获得合法性的制度同构化消耗了知识创新进而带来的利润降低。与此同时，行为者"为了区分你我"（见表5-1）而开始品牌建构，这是利益冲突（misaligned interests）制度矛盾的表现。在这些矛盾面前，产业集群部分行为者已经开始了新一轮的变革，如组织的营销模式从卖"白包装"产品和代工转变为企业和地方品牌建构、企业内在价值观从"做产品"转变为"做品牌"。这些行为者是制度创业者（Greenwood and Suddaby，2006）。这些制度变革，激励部分集群中的先行者开始了新一轮的探索式学习，如引入集群外部的高折射率镜片生产技术。反过来，最先进的技术又保障了自主品牌的构建，集群开始由制度矛盾期过渡到制度创业和探索式学习阶段，如图5-1和表5-1所示。

5.2 产业集群演进机制的动态过程模型

本书从知识基础观的集群理论出发，探究集群成长和演进背后决定其知识和竞争力波动规律的内在机制。通过对DY眼镜产业集群的纵向案例叙述和解释，我们发现：

（1）产业集群演进是由其作为组织场域所自我建构出来的制度性变革过程（制度同构与制度创业）和集群学习行为（利用式学习和探索式学习）相互作用驱动的。

（2）一种制度化过程和一种学习行为相对应并互相强化，制度创业与探索式学习相对应并互相强化，制度同构与利用式学习相对应和互相强化。由一种制度化过程及其对应的集群学习行为过渡到另一种，是决定产业集群知识波动规律的内在机制。

（3）能否克服过分制度同构化及利用式学习所产生的制度矛盾，是决定产业集群知识持续增长和竞争力持续提高的关键。

据此，本书在图5-1的基础上进一步抽象，整合制度理论和组织学习理论，发展出一个三阶段的动态过程模型，作为解释产业集群知识和竞争力波动的"元"动力机制，如图5-2所示。综合Smets、Morris和Greenwood（2012），Greenwood和Suddaby（2006）以及Zietsma和Lawrence（2012）等学者对过程模型的报告方式，本书分别解释这三个阶段的内涵和过程。

集群制度同构化与利用式学习。制度理论认为组织的变革不仅仅来自于对效率的追求和市场价值的最大化，而且也来自于对合法性的考虑（DiMaggio and Powell，1983）。由特定组织群体自身所构成的制度场域所发展出来的特定制度和规范，约束人们行为，并能预测人们的行为（Scott，1995）。在特定组织场域中的组织，必须按照特定制度原型（institutional template）组织（organize）其行为，进而获得合法性。因此，在长期发展中组织群体会因为服从同样的制度安排而表现得越来越相似，这是整个组织场域的制度性同构化过程（institutional isomorphism）。这个过程可能通过三个机制发生：强制性同构（coercive isomorphism），即国家、政府等权力机构给予法律、

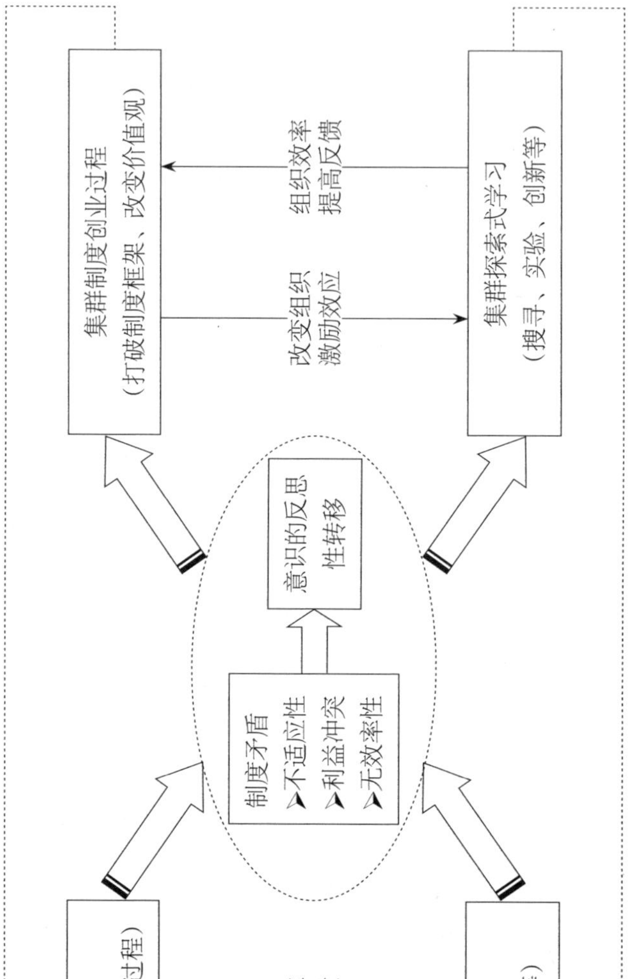

图 5-2　知识视角下集群演进的动态过程模型

法规、有权威的组织规定其他组织的模式和行为取向；模仿过程（mimetic process），即组织在不确定环境下对高绩效组织模式和行为的模仿；规范性压力（normative pressures），即从事相同职业的不同组织成员因为教育背景相同导致认知相似，再加之职业网络促成组织模式快速扩散形成社会性规范和准则。显然，本书的研究对象产业集群作为一类组织场域也同样具有上述动态过程和特征。

另外，组织学习理论认为，任何实体（entity，个人、团队、组织、组织系统等）均有两种学习行为取向：一个是利用已有知识在组织或者更大的组织系统内部进行生产和追求效益最大化的活动，被称为利用式学习。其行为特征是风险规避的、面对个体、追求短期利益，以及在行为者附近搜寻（local search）知识，结果是对已有知识在同一技术轨迹内改进并使组织稳定性（stability）增强。另一个学习方式是搜寻和发现组织或组织系统原来所未知的、脱离已有技术轨迹的知识，给组织带来创新，但短期内会承担较大的风险，被称为探索式学习行为。对任何形式的实体来说，为了避免风险、实现组织稳定，在其长期的发展历程中，附近搜寻逐渐占据主导地位甚至把远处搜寻完全清除，即利用式学习会通过经验反馈方式在短期内给组织带来利益，导致组织忽略甚至完全无视探索式学习行为，被称为组织学习的近视效应（myopia of learning，Levinthal and March，1993）。

随着产业集群的成长和发展，其作为组织场域的制度同构化过程与集群整体的利用式学习是相互加强的，如制度理论的逻辑所述，集群组织为了获取合法性进而降低风险，会在长期发展中在集群内部搜寻，行为者的利用式学习导致集群整体的学习近视效应。反过来，如组织学习的逻辑所述，短期的利益给企业带来及时的效益回报，使得企业在集群内部的搜寻越来越明显，整个集群的制度同构化日益加强。这个过程通过制度同构化的三个机制而发生，而集群利用式学习又反过来以效率增强的方式强化了这三个同构化机制。

其一，在集群发展历程中，一些组织（如地方政府及其代理机构、部分战略先行者、强势的供应商/销售商等）会相对于其他组织获得较高的权力和资源，即影响其他组织的能力。这些组织称为主导行为者（dominant actors，DiMaggio and Powell，1983）。对这种权力和资源的依赖，使其他相对没有资源和权力的组织要服从和遵守主导行为者对组织模式的规定和限制，按照主导行为者所期望的方式组织企业的活动。本书研究中可以看到，在两次高速成长期（1979年到1987年，1999年到2006年）的DY县内各级地方政府及其代理机构（工业公司）、集群领头企业和树脂镜片生产的镀膜设备供应商等组织，成了集群内部明显的主导行为者，使其他组织产生了趋同性变革（convergent change）。集群内其他组织按照其所规定的方式组织生产活动。这种趋同性变革既获得了合法性，又使集群产生大量利用已有知识的行为。例如，在1999年到2006年期间的树脂镜片技术高速扩散，其中一个生产环节——树脂镜片加硬、镀膜——的设备是由当时较为强势的一家供应商提供的。“技术都是随设备而来的，这个没什么”等数据生动地说明了强制性的制度同构化机制——对供应商的依赖——会导致企业大范围利用已有的集群知识，即采用相同的生产设备和技术，从而获利。所以，强制性的制度同构化导致了利用式学习行为的发生（DiMaggio and Powell，1983；Powell，1991），反过来，创造即时效益的利用式学习也加强了强制性同构化过程。

其二，在集群发展过程中会逐渐形成特定的职业规范，从事相同职业的不同组织成员及其网络促成特定的行为和产品准则。集群企业为了获得合法性而进行的在已有技术轨迹上的利用式学习，反过来又强化了规范性的制度同构机制的发生。例如，在我们的观察中，至1987年，DY眼镜产业集群中已经形成了明确的标准化生产程序（如

表5-1所列举的数据）；再如到2006年，树脂镜片生产技术也从最开始的“不懂”到“没什么神秘的了”（见表5-1）。显然，随着眼镜专业技术人员在企业间的流动（professional network，DiMaggio and Powell，1983）、离厂创业（spin-out）等规范性同构，集群企业对已有生产技术进行改良后形成了固定的标准。这是集群整体的利用式学习。显然，这种生产技术在集群内的大范围扩散和利用，保证了组织获得合法性和提高效益（如案例中对集群创业高峰期的描述），反过来又强化了规范性的同构过程。所以，规范性的制度同构化也导致了利用式学习行为的发生，反过来，给组织带来效益的利用式学习也加强了规范性同构化过程。

其三，模仿过程作为一种组织场域的同构化机制，也与集群整体的利用式学习相互强化。在产业集群高速发展过程中，其新技术和市场环境具有高度不确定性，而此时的成功企业自然地成为其他企业模仿的对象，从而传达出认知合法性的信号（DiMaggio and Powell，1983）。这种为了降低风险的地方性搜寻行为（local search）是利用式学习行为。在产业集群内的模仿行为通常发生在竞争对手间，因此模仿者会在原有产品生产技术的基础上进行一些改进（refinement），导致集群基于横向结构的知识增加（Maskell，2001；Maskell and Malmberg，1999；Maskell and Malmberg，2007）。例如，自1979年集体产权企业逐步获得合法性，各级地方政府及其代理机构会相互模仿集群内的先行者而创办眼镜生产企业，充分利用已有的技术知识获取经济效益。再如，在1999年到2006年期间，集群内的跟随企业看到领头企业的绩效好转，于是“眼红了，要想尽一切办法”模仿和利用已有的树脂镜片技术。所以，模仿性的制度同构化也导致了利用式学习行为的发生，反过来，这些创造效益的利用式学习也加强了规范性同构化过程。

值得注意的是，从组织理论视角看，利用式学习和探索式学习方式都能为组织创造知识，但所创造知识的性质和类型不同：利用式学习是基于已有的技术轨迹对组织已有知识的改进和应用，而探索式学习是改变已有的技术轨迹而搜寻组织以往没有的新知识（Lavie et al.，2010）。可见，从组织长期发展来看，起始时利用式学习对组织是有利的，但是它会导致组织学习近视和惰性（Levinthal and March，1993），逐渐停止了组织的创新行为，从而对组织的长期发展不利。这一点，March（1991）的仿真研究清楚证明：随着组织个体成员的社会化（socialization）程度日益加深，个体会从组织其他成员中学习到越来越相似的知识而提高自身的工作效率，而组织作为整体却不再能从个人身上学习到新知识了，组织与个人间的双向学习（mutual learning，1991）逐渐停止。

与此类似，集群整体的学习行为也具有相同的动态机制：个体员工在组织内部的社会化过程（socialization），类似于集群内企业在演进过程中的制度同构化（institutional isomorphism）过程。集群开始利用已有知识并对其进行改良（如树脂镜片生产技术扩散过程中的改良），但随着制度同构化过程的发生，集群企业间会彼此学习到越来越相似的知识，最终导致集群在经历了制度同构化和利用式学习长期相互强化后，知识的停止增加（如在集群两次高速成长期结束阶段时的产品价格战）。这是产业集群的学习近视效应产生的内在机制。综上所述，本书提出如下命题：

命题一：集群演进过程的制度同构化过程和集群利用式学习相互强化，导致集群整体知识呈现出边际递减式增加直到停止，已有知识应用范围在集群内扩散到最大值，集群整体竞争力快速提升直至稳定。

集群的制度矛盾与反思。按照制度理论学者的观点，制度是人们行为指南（guidelines）的依据（Scott，2003）。作为组织场域，集群在发展历程中形成特有的制度。制度同构化机制使集群内的行为者行为朝向相同的方向，如组织模式趋同化和地方性搜寻的利用式学习导致集群的学习近视。如上所述，如果集群长时间处于制度同构和利用式学习过程中，那么，集群的知识为什么会如本书的案例研究中所呈现的阶梯式波动状态呢？已有的集群理论并没有对此进行解释，只是做出了“虽然有一些企业会做出调整，但集群整体最终会走向消失”的预测（Ponder and St. Jhon，1996）。

已有集群理论（Ponder and St.Jhon，1996；Maskell and Malmberg，2007）将制度作为一种约束（constrain），过分强调了集群制度同构化过程及其就长期而言的消极作用，而忽略了与制度同构化过程的对立面——制度创业过程——就长期而言对集群的积极影响及其影响机制。本书的案例研究数据有力地证明了制度创业过程可以“挽救”衰落甚至濒临死亡的集群，使其重生，再次发展。本案例研究的一个主要目的和重要贡献是，打开制度创业使集群重生的“黑匣子”。本书认为，这个“黑匣子”是制度矛盾和意识的反思性转移。这一点，是已有集群理论所忽略的。

制度创业理论（Seo and Creed，2002）认为，特定的组织群体所组成的组织场域在其长期的制度同构化过程中会产生制度矛盾（institutional contradictions），由此导致制度趋异性变革（divergent change）。这种由构成制度框架主体自身在长期内所发展出来的矛盾，表现为制度场域同构化过程中“向后的拉力”：恰恰是那些为了获取特定制度安排合法性的组织行为，在长期成为了打破这种制度安排的动因。这种内生性的制度矛盾观点是组织演进的辩证观点（Seo and Creed，2002；Benson，1977）。例如，Sherer 和 Lee （2002）对美国律师事务所的人力资源晋升模式的变革研究发现，随着越来越多的律师事务所采用相同的人力资源晋升制度，律师人才资源被消耗殆尽，这与律师事务所组织场域的外部环境产生了矛盾。这些矛盾导致了律师事务所组织场域的人力资源晋升制度的趋异性变革。也就是说，为了获取合法性而制度同构化，同构化而产生制度矛盾，制度矛盾而导致趋异性变革。

对于产业集群来说，这种矛盾的演进过程也是明显的：制度同构化和集群利用式学习相互加强的过程，长期消耗了集群的重要资源——知识创新能力，使其表现出不适应性（nonadaptability）、无效率性（inefficiency）、利益冲突（misaligned interests）等制度矛盾。在本书的案例研究中，经过集群长期的制度同构化和利用式学习，集群作为组织场域的制度矛盾是明显的，如从1988年到1991年的制度矛盾期间，面临国外眼镜产品冲击国内市场，DY眼镜产业集群无法快速调整和变革（不适应性，nonadaptability），并使得当时的集体企业大面积倒闭（无效率性，inefficiency），以及行为者对集体产权企业模式的不满（利益冲突，misaligned interests）。再如，在经历了高速成长后，自2007年开始，DY产业集群中再次出现了由价格战（知识趋同）引起的利润降低（无效率性，inefficiency）和对已有“做产品”的企业内在价值观的不满（利益冲突，misaligned interests），这一过程在本书的案例研究和数据中有明确的证据。

制度矛盾发生后，行为者会进行“意识的反思性转移，即从意识层面开始冲破已有制度框架和内在价值观的束缚”（reflective shift in consciousness，Seo and Creed，2002）。这是组织从既定制度框架中跳脱出来的关键一步。如理论分析所述，在20世纪70年代，制度理论提出的背景就是用来解释组织在一定时期内所表现出来的非理性行为，“那些追求组织合法性的变革，不一定会带来效率的增加（DiMaggio and Powell，1983）”。因此，制度同构化过程所强调的是组织可能由于合法性的考虑而失去理性判断的能力。然而，制度创业的文献明显补充了这种早期的制度理论的不足：那些追求自我利益的行为者，会在制度矛盾面前再次恢复理性，对现状进行反省来改变那些即使是由他们亲手构建出来的制度框架。

在产业集群发展历程中，由制度同构化和利用式学习发展出来的制度矛盾，当然也会引起集群行为者意识的反思性转移。例如，在经历竞争力一般和下降后，DY眼镜产业集群中的部分行为者（领头企业、个体户、眼镜商会等组织）开始对已有的产权组织模式（如集体产权）、产品技术特征（如低档镜片生产技术）、企业潜在的价值观（如“白包装”“做产品”）等进行反省，由此尝试趋异性的组织模式变革和新的学习行为，即制度创业活动和探索式学习。在制度矛盾期，虽然集群内少数的先行者会觉醒（Battilana et al.，2009），但集群作为整体的制度同构化效应依然占据主导地位。因此，集群在没有改变学习行为之前，整体的知识是维持在原有水平的。

综上，本书将以往集群演进理论中所忽略的制度创业视角纳入到分析框架中，认为集群演进路径所表现出的阶梯式成长是因为其制度创业过程所致，制度矛盾和行为者意识的反思性转移，是集群从制度同构化和利用式学习发展到制度创业和集群探索式学习阶段的关键阶段。据此，本书提出以下命题：

命题二：在长时间的制度同构化和利用式学习后，集群整体进入到制度矛盾阶段，知识增长停滞。

集群制度创业与探索式学习。如图5-2所示，在经历长时间的制度同构化并引起制度矛盾后，集群整体会进入制度创业过程和探索式学习阶段。在这个阶段，集群整体以改变组织模式一部分或是创业的方式打破已有的制度框架，表现为集体性趋异变革（collective divergent change，Seo and Creed，2002）。按制度创业理论的观点，这一过程可以是打破已有制度框架（break the model，Greenwood and Hinings，1996）和/或改变其内在价值观（value commitments，Greenwood and Hinings，1996）。例如，在本书的案例中，随着树脂镜片生产技术的充分扩散，集群内的价格战导致了制度矛盾的出现，进而改变了眼镜生产企业对自身的内在价值观的根本改变：由“做产品”改变为“做品牌”。这些制度创业行为，为集群带来了趋异性变革，通过激励方式的改变触动了集群探索式学习行为。

根据学习理论的观点，组织的学习行为是由其组织模式所驱动的（Levitt and March，1988）。在发展历程中，组织会因为学习近视效应而过度利用已有知识和能力，忽略探索新知识。但是，通过所有权改革来改变组织激励结构（the role of incentive，Levinthal and March，1993），可以促使组织进行探索式学习。这一点是由探索式学习本身的特征决定的：实验性和风险性特征，要求从事探索式学习的行为者在将来成为其冒险学习成果的占有者。在本案例的观察中，不同时期的制度创业行为都通过激励制度的变革而触发集群探索式学习行为。例如，在20世纪90年代初期，产业集群中的企业开始参加国际展会、采用公司法人承包和私人企业等新组织模式，给集群整体带来了搜寻新知识——树脂镜片生产技术——的激励，如“责任更大了”“私人企业主会更加全心全意地去做好事情”进而“下了苦功夫把外边新技术引进来”等都表明了这种激励制度的变革及其带来的探索式学习。这些转变体现了DY地区的独特性，与转型市场理论中所谓的地方社团主义和路径依赖等观点一致（Nee and Cao，1999）。例如，在天津的研究表明，20世纪90年代中后期还是明显的集体产权模式占绝对主导地位，而在福建20世纪90年代初期就已经明显开始私有化了。在本书的案例中，从1988年开始，DY地区实际上就产生了私人产权企业。这些变革为DY眼镜产业集群带来了激励，从而触发了集群探索式学习行为。同样，自20世纪60年代末，国有眼镜工厂的工人到DY各地创办工业。创办眼镜生产工厂，既有人力资本条件，又可以克服传统农业生产的无效率性，为地方带来集体福利。这些条件驱动了当时地方政府对眼镜生产技术（新知识）的搜寻。另外，2007年到2012年，集群从制度矛盾期向制度创业期过渡，内在价值观从“做产品”向“做品牌”转变，也激励了部分先行者搜寻新的镜片生产技术和品牌运营知识。自主品牌可以保证品牌企业占有学习新知识的未来收益，并在竞争中获得由品牌产生的一定垄断利润。集群整体开始新一轮探索式学习。

另外，制度创业激发探索式学习发生的过程中，探索式学习带来的新知识逐步强化制度创业所产生的新组织模式。因为组织模式的趋异性变革（制度创业）是已有制度的同构化过程所产生矛盾而激发的，因此新组织模式必然会比旧组织模式更有效地促进对新知识的探求；新知识带来一定的垄断性超额收益，使得新模式表现出有效性，有效性强化新组织模式，从而新组织模式代替了旧的组织模式。例如，本案例中的集体产权企业被私人企业代替、“做产品”的价值观被“做品牌”的价值观代替等。因此，集群的制度创业过程与集群探索式学习是相互加强的。

从组织学习理论视角看，在组织停止从个人那里学习知识后，引入新的组织成员则成了组织知识增加的必要条件，因此组织有必要保持一定比例的人员流动（March，1991）。类似地，Levinthal和March（1993）也强调了组织保持“异质性”人员的必要性：“组织编码（code）只有从那些偏离了此代码的个体（individuals who deviate from the code）中才能学习到新知识。”因此，一旦集群诞生了趋异性变革的行为者（制度创业者）和产生探索式学习活动，则集群整体开始再次从其成员中学习到新知识。显然，集群整体的探索式学习活动为集群带来新知识的同时，也表现出了比以往更高的效率。随着越来越多的行为者变为制度创业者，制度创业期的产业集群知识和竞争力由水平状态开始提高。

当然，随着集群进一步发展，这种克服已有制度矛盾而带来的更高效率的新组织模式和新知识，会被集群其他企业迅速模仿和认同，并获得高合法性，进入下一次制度同构化的循环阶段（如图5-2的虚线部分所示）。对于集群来说，曾经的制度创业行为成了组织场域在未来的新投入品（input），转变为下个阶段的制度同构化过程，而曾经的集群探索式学习行为演变成了下个阶段的利用式学习。产业集群的整体演进历程再次进入了上述的制度同构化过程与集群利用式学习阶段，再次出现矛盾和制度创业过程，如此反复循环下去。在本书的案例中，由20世纪60年代末至1978年向1979年至1987年的过渡、由1992年至1998年向1999年至2006年的过渡，均是制度同构化过程。综上，本书提出命题：

命题三：在集群演进过程中，制度创业和集群探索式学习相互强化，集群作为整体开始学习新知识，知识边际递增，集群整体竞争力缓慢提升。

命题四：集群演进是由制度同构化和利用式学习相互强化阶段、制度矛盾阶段，以及制度创业和探索式学习相互强化阶段循环驱动的。不同阶段间的转换是导致集群竞争力呈现阶梯式波动的动因。

至此，本书整合制度理论和组织学习理论，以中国市场转型为背景，通过深度案例研究发展出一个解释集群成长演进机制的动态过程模型（如图5-2所示）。

该模型是动态的（dynamic）、辩证的（dialectical）和趋向平衡（balancing）的。

其一，如本书在理论分析一章中所述，已有知识视角下的产业集群理论过分强调了静态分析，而忽略了集群成长和演进复杂的动态过程。本书所发展出来的模型是基于动态视角的分析结果：由制度同构化和利用学习、制度矛盾、制度创业和集群探索式学习构成的三个阶段在时间上循环往复，推动集群在长期内的演进和成长，是集群竞争力波动的内在动因。

其二，这三个阶段间的关系是辩证的。特定阶段中的集群组织行为，会在长期发展过程中演变成其对立的一面。例如，制度同构化会在集群的长期演进后促发与其相对的制度创业行为，而制度创业行为又在随后的发展中成为制度同构化行为。同样地，探索式学习和利用式学习也在集群演进过程中相互转化。

其三，这种转化是趋向平衡的，在演进过程中，集群对自身行为进行调整，在特定时间产生与已有组织模式或行为相反的一面，从而保证了集群的自我调节能力，使集群整体发展路径呈现出更为复杂的阶梯式成长状态。我们将在下一章“讨论与结论”中将本书所发展出的理论与已有理论进行对话，阐释本书的理论贡献。

第6章

讨论与结论

6.1 研究结论

本书立足于中国市场转型的现实，从组织与管理理论视角看待产业集群现象，探究中国典型乡镇产业集群成长和发展背后的内在机制，构建知识视角下集群演进机制理论。为此，本书采用了一个纵向深度的定性案例研究，对一个有着40余年发展历程，并有若干次发展波动的产业集群进行实证研究。按照定性研究的规范程序，在充分调研的基础上，本书从知识基础观（knowledge based view of cluster）发展出一个解释产业集群发展和演进机制的动态过程模型，补充了现有集群理论的缺陷，响应了学者对考察集群演进机制的号召（McCann and Folta，2008；谭劲松、何铮，2007）。

从知识视角看，首先，产业集群形成的基本动因是处于同产业中的企业对创造和分享知识的需要。作为组织场域，集群整体的制度创业可以激励其自身对新知识的学习和吸收。本书案例明显表明了这一点。自改革开放以来，中国的广大东南沿海农村地区，产业集聚经济现象明显（Nee，1992），是中国经济工业化和推动中国经济高速发展的重要力量。这种现象产生的动力，来自于国家权力的分权和各级地方政府积极创办工业企业。制度创业所产生的新组织模式，如集体产权和私人产权，需要彼此模仿和学习，形成集群以获得更强的合法性和竞争力。因此，本书的结论不仅是为有关中国乡镇产业集群产生和发展的社会学文献（Nee and Opper，2012）提供了一个实证证据，而且也为其提供了一个微观层面的解释。因此，从集群结构与知识互动视角出发，深度剖析集群结构、知识、制度和组织学习间动态平衡的内在机制和条件，打开集群演进过程的“黑箱”。这为解释集群成长和竞争优势的差异提供了一个前沿性、系统性和创新性的整体理论框架。

其次，产业集群在发展和演进过程中竞争力所表现出来的波动，是其整体的相关产业知识含量和变动方式所导致的。集群知识的含量及其变动取决于集群在发展过程中的知识创造能力。随着产业集群的形成，其内部知识创造能力逐步加强导致产业集群竞争力逐步升高；当所有企业的知识同质化后，集群整体对新知识的创造停止，集群竞争力降低。竞争力下降导致一些行动者开始反思，寻求制度创新，从而集群整体的知识创新能力会再次提高，使集群在整体的演进过程中表现出更为复杂的、具有阶梯式的动态过程。

最后，上述集群演进过程是产业集群作为组织场域的制度化过程及其所规定或激励的组织学习行为的循环式变化所致。如第五章所述，集群的制度同构化和利用学习相互强化阶段、制度矛盾阶段、制度创业和探索式学习相互强化阶段，这三个基本阶段构成了集群演进的循环过程（如图5-2所示）。在集群的制度同构化过程中，集群整体长期利用已有知识最终导致集群不能从其构成的企业中学习到新知识，导致知识创新能力逐步下降甚至停止。然而，正是这种制度同构化消耗已有知识的过程，会表现为某个时间段的制度矛盾，进而导致集群企业自身对已有制度化行为进行反思和变革，产生制度创业并激发集群探索式学习行为。随着集群进一步发展，由此带来的新知识为集群带来了新一轮的竞争优势而引起集群内企业的认同和采纳。于是，集群演进再次进入“制度同构化与利用式学习—制度矛盾—制度创业与探索式学习”的新一轮循环中，集群演进表现为现实观察中阶梯式的、带有重生性质的路径特征。本书认为，这一由集群自身内生性发展出来的动态的（dynamic）、辩证的（dialectical）和趋向平衡（balancing）的循环过程，是产业集群演进的基本特征。

6.2 研究贡献与启示

从理论上看，本书基于企业知识观的理论视角和过程导向（process approach）的方法论，发展出产业集群演进的动态过程模型（如图5-2所示）。在转型经济体中以产业集群为单位，探讨制度变革对集群发展的作用，是对制度理论情境适用性研究的新发展。一方面，传统宏观视角下的制度理论研究陷入理论发展瓶颈。自Friedland和Alford（1991）将制度逻辑概念引入组织理论以来，制度复杂性文献聚焦探讨制度逻辑的概念内涵（Thornton and Ocasio，2008；杜运周和尤树洋，2013）、组织场域和组织的制度逻辑更迭（Dunn and Jones，2010）等议题，逐渐使该理论陷入发展的"中年危机"（Alvesson and Spicer，2019）：宏大、抽象的概念使制度复杂性研究失去解释力，演变成一个象征性标签（Alvesson et al.，2019）。另一方面，制度理论微观基础研究使用零散、碎片化概念描述人们在制度中的体验，忽略了人们经历复杂制度的过程性。制度理论微观基础研究开始描述人们在制度中的体验并以此解释人们行动的差异。例如，Thornton等（2012）提及个体注意力是制度逻辑发挥作用的前提、Voronov等将情感纳入制度分析（Voronov and Vince，2012；Voronov and Weber，2016）、Smets等考察个人实践塑造制度环境的机制（Smets et al.，2012；Smets et al.，2015）等等。尽管上述文献将焦点放在个体行为者，但却默认了其能动性的静态特征，忽略了人们经历复杂制度的过程性。采用静态分析代替过程分析，这类研究范式最大的问题在于将个人经历视为一个一蹴而就的行为，缺乏系统理论打开人们在复杂制度中的心理过程"黑箱"（Haack et al.，2019），无法真正理解人们行为差异的来源。因此，本书以产业集群为基本分析单位的研究范式，是对扩展制度理论研究层面的推动。

从现象上来看，本书的基本目的是解释中国乡镇产业集群在其长期的发展历程中竞争力所表现出来的波动和差异。通过对已有文献的系统分析，本书以制度理论、组织学习理论为分析工具，将中国市场转型理论作为背景知识，构建出了一个有关产业集群演进机制的一般模型。因此，对产业集群理论、制度理论、组织学习理论、市场转型理论等文献均有贡献。

6.2.1 对产业集群理论的贡献

如理论分析所述，本书首先贡献于知识观视角下的产业集群理论（knowledge-based view of cluster，Maskell，2001；Tallman et al.，2004；Arikan，2009）。

首先，本书的结论是对已有关于产业集群演进机制的深化和发展。谭劲松等学者（2007）认为，现有的产业集群理论对集群演进机制，如集群发展波动和变化，研究不足。在他看来，Pouder和St. John （1996）的理论是现有研究中为数不多的有关产业集群机制研究的经典文献。进而在2006年，Tan （2006）的研究为该理论提供了一个实证描述和验证，推动了这个理论的发展。

然而，如理论分析部分所述，Pouder和St. John （1996）的经典理论存在两个基本问题：一是，该理论是动态的、复杂的，实证研究很困难，实证研究非常缺乏；二是，该理论的部分结论与现实中的观察不符，对现实缺乏解释力。本书所发展出来的由制度同构化与集群利用式学习、制度矛盾、制度创业与集群探索式学习三个基本阶段构成的动态过程理论解决了上述问题。

如Pouder和St. John （1996）的经典理论预测的一样，在集群经历了长期的制度同构化和利用式学习后，集群整体的创新能力显著下降。这一点，在本案例中有明显的证据，如从1979年到1987年、从1999年到2006年，在这两个阶段集群创新能力和竞争能力显著下降。因此，本书的研究首先为Pouder和St. John （1996）的经典理论提供了一个实证的证据。在此基础上，本书超越了Pouder和St. John（1996）的经典理论的讨论，从理论层面上解释并证明了这个过程发生的内在机制：因为过度的制度同构化会让集群在长期从变得越来越相似的企业中学习不到任何新知识了。这一机制类似于组织内部过快的社会化（socialization）过程（March，1991），导致组织不能从其成员那里学到新知识。此解释是对Pouder和St. John （1996）经典理论的深化。

更重要的是，本书将与制度同构化文献相对应的制度创业文献（institutional entrepreneurship，Seo and Creed，2002）纳入到集群演进机制的分析框架中，是对Pouder和St. John （1996）的经典理论的重大拓展。

如果按照Pouder和St. John （1996）所预测的那样，所有的产业集群在知识创新停止后将“最终走向灭亡”，那么，为什么一些产业集群的发展路径是带有重生性质的、阶梯式的轨迹呢？显然，Pouder和St. John （1996）理论中的部分结论与观察不符。本书认为，一个重要原因是，当时制度同构化理论盛行，制度创业理论刚刚起步，因此他们过分强调了制度同构化的力量而忽略了制度创业的作用。这样，他们仅看到制度同构化导致集群最终衰亡的一面，而没有看到制度创业使得集群重生的一面。由此，本书认为，制度同构化能够将产业集群“拉入谷底”，那么，与之相对应的制度创业过程则能“挽救集群”，而本书的研究也有力地证明了这一点。

不仅如此，本书所发展出来的模型还回答了上述过程发生的内在机制：集群在发展过程中所构建的制度导致制度矛盾和行为者的反思。从知识视角看，产业集群在长期的制度同构化过程中耗竭了知识创新能力，导致集群企业的知识趋同。知识趋同导致竞争同质化，利润急剧下滑，竞争力衰竭。正是这种制度矛盾，可以引起集群行为者自身的反省，进而促进了制度创业的产生。制度创业理论关于自我建构（social construction）的辩证（dialectical）观点（Seo and Creed，2002；Greenwood and Suddaby，2006），是理解产业集群从“衰”再次走向“兴”的关键。另外，与制度同构化与利用式学习相互加强相对应，由制度矛盾和反思所产生的，是集群作为整体的制度创业和探索式学习的相互加强。这一点，在我们的实证研究中可以明显观察到。

因此，从更抽象的层面上看，作为Pouder和St. John （1996）经典理论的发展，本书所构建出来的三阶段过程模型的后两个阶段补充了该理论的另一面，整体研究结论则涵盖了Pouder和St. John（1996）经典理论的思想。因此，本书所发展出来的三阶段动态过程理论不仅解释了Pouder和St. John （1996）所能解释的，而且解释了他们所不解释的，是Pouder和St. John （1996）经典理论的重大发展。

其次，从知识视角构建有关产业集群的理论，必然要解释产业集群为什么会在发展中表现出波动和兴衰（Maskell and Malmberg，2007）。在理论分析一章可以看到，虽然Maskell等经济地理学家从产业集群的经济结构视角入手，对集群内知识创造的具体方式进行推测，但其分析方式是静态的，因此并不能解释产业集群在长期发展历程中的波动规律。虽然在后续的研究中，学者也提出了应该将制度与知识匹配的视角纳入到分析框架中，然而理论构建和实证研究都缺乏。

本书所发展出来的三阶段动态过程模型可以解决上述问题。其内在的逻辑是制度化过程与集群学习行为之间的互动。一方面，作为组织场域，集群的制度同构化过程加强了集群整体的利用式学习，表现为经济地理学者从结构视角所定义的集群企业知识创造方式。另一方面，随着集群整体利用式学习的过度发展，其知识创造能力在逐渐减弱甚至衰竭。

如本书理论建构一章所述，知识的存量边际递减，最后直至停止增加。因此，这种自加强的、趋向矛盾化的集群知识创造过程导致了集群的衰落。因此，与Maskell等学者的理论相比，本书所构建的理论是动态的、内生性的，有力回应了Maskell和Malmberg（2007）等学者的号召。Maskell等学者从结构视角推断，集群经济结构及其内部制度存在相互依赖关系（fundamental interdependent），因此存在制度与经济结构匹配（institutional fit），这一观点可以解释集群的竞争力波动。但遗憾的是，他们并没有探究制度如何变革以及如何改变集群命运，当然更没有提供实证研究。在本书的研究中，我们观察到制度与产业结构的不匹配将会导致产业集群走向衰落：集体产权的企业制度无法适应市场经济下对产品劳动分工的需要，导致制度矛盾，从而推动制度的变革。因此，从实证角度看，本书的研究为制度与经济结构匹配的观点提供了实证证据。

最后，本书为已有知识视角下过于复杂和抽象的集群理论提供了证据。如理论分析一章所述，与经济地理学家的思想一致，Tallman等学者（2004）认为集群的建构性知识应该与其构成性知识相匹配。这个过程类似于Henderson和Clark （1990）在产品开发层面上提出的建构性创新（architectural innovation）概念：当产品部件改进时，如果原有的产品部件组合方式没有相应的创新，则产品整体知识效能会下降。在本书的研究中，当20世纪90年代初的新技术和新知识进入集群后，越来越多的私人产权企业开始产生，这正契合了新产品在集群内分工、改进和整合的需要。用Tallman等学者（2004）的语言讲，产业集群的构成性知识变革，其所配套的建构性知识也需要进行相应变革，如同运输工具（cargo）改变了，运输轨道（rail way）也需变化一样。从这个角度看，本书为这种抽象的、复杂的集群内部知识变革过程提供了实证的证据。

本书以中国市场转型理论为背景知识，整合制度理论和组织学习理论，发展出有关产业集群演进机制的动态过程模型，因此对产业集群理论做出了重大贡献。

6.2.2 对制度理论的贡献

首先，本书整合制度创业理论与组织学习文献，分析集群演进过程，这深化了有关制度创业过程效应的研究。如理论分析一章所述，已有的制度创业文献集中于两个方面（Battilana et al.，2009）：制度创业出现的前因（enabling conditions）和制度创业的具体实现过程（implementing process）。前者是有关制度创业“为什么会出现”的讨论，而后者是有关“制度创业者如何做才会成功”的研究。对第一个问题，已有文献发现组织场域因素、行为者社会位置和行为者个体特征等三大类因素是导致制度创业出现的前因，这些因素导致制度创业发展的机制是制度矛盾（Seo and Creed，2002）。对于第二个问题，制度创业过程文献突出了制度创业者在推广新实践过程中创立愿景、寻求联盟、调动资源等具体活动。然而，制度创业理论相对忽略了制度创业过程的效应研究，即制度创业过程“能带来什么效益呢”。

本书将制度创业过程与组织学习理论整合在一起，认为制度创业是行动者感受到的制度矛盾催生的，制度创业能够带来学习方式的转变，即从利用式学习转向探索式学习。学习方式的转变激励集群产生新知识和推动集群的发展。这是从创造新知识视角，对制度创业理论效应研究的深化。

其次，本书也为中国情境下的制度创业研究提供了新观点。作为刚刚兴起的研究领域，制度创业文献的大部分研究成果是基于国外情境的，而极为少数的中国情境下制度创业过程研究（Child，Lua and Terence，2007）所得到的结论过于片面。如Child等学者（2007）把中国国家环保产业看作一个组织场域，对其研究发现，在中国社会中的制度创业者（field maker）均由国家机构代理单位完成，而企业和一般组织是这种制度创业的跟随者（field taker）。本书认为，这个结论是因为其研究的场域特征所决定的：带有公益性质的环保产业中，为克服由“搭便车”带来的消极效应，国家及其代理机构始终处于主动的制度创业发起者角色。这个结论在Child等学者（2007）的研究情境下是正确的。

然而，本书所发现的制度创业行为和过程并不都是由国家或地方政府和代理机构所发起的。在中国市场转型的早期，制度创业者一般表现为地方政府及其代理机构，如集体企业产权制度的发起（20世纪70年代和20世纪80年代）、乡镇企业法人代表制度的发起（20世纪90年代初）等等。但是，随着市场经济的发展，在商业系统中（而不是公益事业中），我们看到了越来越多的个体或非政府机构所发起的“自下而上”和“上下结合”的制度创业过程，如私人企业制度（20世纪90年代）和品牌实践（2005年以来）兴起等。因此，本书认为，随着市场的开放和自由经济的推行，中国的商业系统中制度创业者不仅仅是如Child等学者（2007）观察到的国家或当权者，而更多的表现为系统中的行为者个体或者是此两者的合作（co-maker）。

最后，本书通过将制度理论和组织学习理论视角进行整合，不仅为制度同构化提供了一个有力的实证证据，而且也证实了制度创业与制度同构化过程连续变化的特征。一方面，虽然制度同构化的思想已经成了制度理论中的经典，但除了近期少数的研究外（Souitaris, Zerbinati and Liu，2012），很少有研究对其机制进行实证探究。本书的研究和数据弥补了这一缺陷。另一方面，如本书在第五章对模型的解释，制度创业因为其带来新知识，可以创造一定垄断性收益，而在随后的发展过程中会被模仿，进而演变成制度同构化过程，即此时的制度创业将会变成下个时期的制度同构化，进而演进成制度矛盾和新的制度创业。这是一个动态（dynamic）、辩证（dialectical）和趋向平衡（balancing）的过程，本书的数据为此提供了解释。

6.2.3 对组织学习理论的贡献

首先，本书从知识基础观考察产业集群成长和发展过程的内在机制，将组织的两类学习方式在产业集群层面上进行界定，是将组织学习理论和组织二元性的概念引入到组织系统（ecosystem，超越单个组织的分析层次）的分析中。这与O’Reilly和Tushman（2013）有关组织学习理论的最新研究方向相应。他们认为，自从组织两类学习方式和组织二元性的概念产生以来，组织理论的学者过度将理论考察的重点放在了单个组织层面，而忽略了在组织外部更大的系统中对该理论的应用。因此，从单个组织层面走向组织系统，构建和验证学习和二元性理论，是组织学习理论未来重要的发展方向之一（O’Reilly and Tushman，2013）。如理论分析一章所述，本书首先将两类组织学习方式界定于产业集群层面，整合制度理论与组织学习理论来考察产业集群作为一类组织系统在长期发展过程中的学习方式的转变及其内在动力。这在解释集群演进机制的同时也为更高层面的组织学习理论应用提供了证据。

其次，本书将组织两类学习方式界定为有关组织知识创造方面的行为，是对组织学习理论学者最新理论反思的回应（Lavie et al.,

2010；Birkinshaw and Gupta，2013）。从知识观视角考察产业集群演进规律，要将影响知识产生的两类组织学习方式定义在有关集群知识创造的行为方面，而不能过于广泛。Birkinshaw和Gupta（2013）的最新研究表明，组织理论学者似乎已经在“平衡两类组织学习方式能给组织带来长期益处的观点上达成了共识，但他们对什么是两类组织学习的内涵界定过于广泛”（Birkinshaw and Gupta，2013）。可见，组织学习理论在没有对讨论对象的内涵和外延达成一致的情况下，可能存在得到错误结论的危险。本书采用Levinthal和March（1993）以及Lavie等学者（2010）的建议，将集群整体两类学习方式界定为有关其知识改变的方面，而与组织模式（organizational form）的变革（本书定义其为制度变革）区分开。因此，本书这种界定方式本身及其实证研究是对组织学习理论研究现状中模糊概念的澄清和验证。

最后，本书发展出来的集群演进机制的三阶段模型认为，长期来看，集群的两类学习方式转变是决定了其知识波动和发展规律的关键。两种学习方式的转变是由集群制度同构化过程所产生的制度矛盾和行为者反思所驱动的。这个结论在组织系统层面，拓展和深化了组织二元性（organizational ambidexterity）思想，具体体现在以下两个方面：

其一，如O’Reilly和Tushman（2013）所反思的，现有的组织二元性理论过分模糊和庞杂，应该回归到其原始的界定方式上，即把组织的二元性理解为一种能够长期保持两类组织学习方式平衡的能力（capability）。但现有的研究并没有给这种基于时间上的组织二元性（sequential ambidexterity）提供有力的证据，即没能说明“组织在长期的发展历程中如何从利用式学习转变为探索式学习”（O’Reilly and Tushman，2013）。在集群层面上，本书为这一理论上的缺陷提供了启示和证据：作为组织场域，集群在长期的制度同构化过程中所内生出来的制度矛盾，导致组织模式趋异性变革，这是制度创业出现的前因。在这种变革历程背后，集群的学习方式也由早期的利用式学习变成了探索式学习。因此，是集群整体组织模式的根本性变革驱动了集群学习方式的切换，学习方式的切换又加剧了组织模式的变革，这深化了组织二元性思想。

其二，在讨论时间上的组织二元性概念时，Markides（2013）引用了Puranam等学者（2006）的研究成果，单个企业的组织模式应该与其技术的发展阶段相匹配，即在技术探索和创造期应该采用自由度较大的模式，而在技术应用期应该采用稳定导向的模式。这一论断蕴含两个观点：一是组织模式与技术发展不是同一概念；二是个体企业要在长期内保证二者相互匹配，才能实现组织二元性。在本书中，我们看到产业集群作为一类组织场域，其整体组织模式特征——制度的载体（incarnation，Haveman and Rao，1997），在长期内必然要与集群学习行为相匹配，否则会产生制度矛盾。从这个意义上讲，本书的研究结论是在更高的层面上检验和深化了这种组织模式与学习行为匹配观，表现为集群整体在演进过程中的时间二元性（cluster sequential ambidexterity）。

6.2.4 对市场转型理论的贡献

首先，本书以一个典型的乡镇企业集群在探究中国市场转型时期的演进历程为研究对象，试图构建产业集群演进的动态过程理论，这为中国市场转型理论（Nee and Opper，2012）最新研究结论提供了一个微观层面的证据。作为社会学家，以Nee等为代表的学者认为，中国社会自改革开放以来，经济发展，特别是中国广大东南沿海地区的经济所表现出来的活力，来自于民营经济体制对国有企业“始料未及”的代替。在本书中，我们的数据不仅生动地描述出这一点，而且用制度创业这一概念将地方政府或私人个体户创办企业的制度变革纳入到集群分析框架中。因此，这种以创立新企业方式打破已有集群制度约束的行为，是社会学家描述的典型的“自上而下的变革”观点。

其次，从知识创造视角看，本书认为特定时期的组织模式与学习行为是相对应的，补充了已有社会学家有关市场转型过程中组织模式特征的论述。如理论分析一章所述，本书将有关中国转型社会的理论作为背景知识。然而，本书最终的结论是对已有关于转型经济中国组织模式论断的补充。在讨论自20世纪80年代开始中国出现的集体企业和私人企业模式时，Boisot和Child （1996）认为，这是在当时特定中国社会环境下所能产生的交易成本最低的组织模式，这一论断固然正确。但是，如果是这样，那么是什么力量促进这种组织模式的变革呢？仅仅是因为私人组织模式在后来的市场改革进程中交易成本变低了吗？显然，我们的观察不仅局限于对交易成本的思考：新的组织模式出现和代替已有的组织模式，是因为在其相应的时期能够产生更多的有效学习行为、创造更多的知识。因此，从这个意义上说，本书的研究也从知识而非交易成本的视角为市场转型过程中的组织模式变革提供了新的理解。

6.2.5 管理实践启示

探讨本书理论的起因是对中国自改革开放以来在东南沿海地区形成的产业集聚现象的观察。观察发现，集群发展有涨有落，而不像产业集群经典文献所预测的那样“最终走向灭亡”(Pouder and St. John, 1996)，这激发了作者的研究兴趣。采用单案例40年的纵向考察，本书试图发展出一个更加全面的，可以解释涨落的集群演进的动态过程理论。在贡献已有相关理论的同时，本书也对产业集群管理实践有所启示。

首先，为优化地方政府对产业集群的服务和管理提供启示。本书的案例研究生动地描述和解释了一个中国典型乡镇产业集群的成长历程和发展规律。从中可以看出，在中国经济转型的不同阶段，地方政府对商业系统中的行为者的影响是明显的。一方面，政府制定相关政策法规成了约束和管理企业行为的重要方法；另一方面，在市场化程度越来越高时，政府角色逐步转变为集群内部交流和沟通的平台。中国自改革开放以来以制造业闻名于世界，与西方发达国家相比，中国产业集群技术水平较低、集群企业同质化现象较为常见。为克服这种倾向，本书的结论对集群所在的地方政府提供了一定启示。从平衡角度出发，集群地方政府应该出台相关的鼓励政策以调整产业集群企业长期发展出来的同构化倾向，从而激励组织模式的变革和探索新知识。例如，在本书案例中，随着品牌实践意识的发展，DY 市地方政府出台相应激励政策鼓励产业集群整体从制造基地向品牌基地转型和升级，政府和企业成为制度创业的合作者。总而言之，理清集群成长背后的动力及其作用机制，有利于为地方政府优化集群管理和加快中国特色的城镇化建设提供有针对性的政策建议。乡镇产业集群作为中国三元经济结构的重要组成部分，是实现中国工业经济现代化、中国农村社会城镇化的必由之路、必经阶段。因此，从乡镇产业集群发展历程中总结经验并进行理论化，不仅有利于打造和提升地方产业的核心竞争力，而且能够为继续深化中国特色城镇化改革提供明确的发展方向。

其次，对产业集群行业协会组织，在协调集群企业的内、外部沟通方面有重要实践启示。从知识的视角看，产业集群内的知识交流和利用式学习对集群成长是必要的，但过快的学习会加速知识创新能力的减弱甚至衰竭，从而导致制度矛盾。产业集群内的企业交流无处不在，进一步加剧了这种过快学习的倾向。因此，对于产业集群中的行业协会来说，一方面，在促进集群企业学习和交流的同时，要保证适当的学习速度，通过制定行业规范引起集群企业对自主创新重要性的共识。另一方面，行业协会应该充分发挥集群联系内、外平台的效应，使产业集群作为整体在长期的发展历程中保持作为一个开放系统的能动性。行业协会应该成为一个自省者，在集群经历较长时期的利用式学习后，引入集群外部的新知识、新观点，促进集群整体学习方式的转变。产业集群以企业为主体，而企业的竞争优势则关乎中国经济市场化转型、城镇人口就业、城乡收入差距等诸多重大社会问题。因此，理解集群演进过程背后的动态机制和条件，有利于帮助企业决策者识别、判断、预测集群的发展趋势，进而做出恰当的战略决策，在激烈的市场竞争中保持灵活性，立于不败之地。

最后，本书结论有益于帮助企业管理者作出战略决策和调整企业行为。本质上，构成产业集群的主体是企业，而集群竞争优势实际上是集群企业竞争优势的整合。从知识视角出发，本书理清了集群在长期发展历程中竞争优势的影响因素及其作用机制，有利于帮助企业决策者判断和预测集群的演进路径，进而做出恰当的战略决策。本书的结论是有关产业集群长期发展历程的解释和预测。如我们在理论中提到的，追求单个企业短期的利益可能恰恰成为集群整体长期利益损失的根源。产业集群的健康发展，要在单个企业和集群整体的利益间做出平衡。一方面，这一结论对提醒企业的战略决策者是否选择进入集群或是进入什么样的产业集群是有所启示的，如考察集群知识波动处于哪个阶段。作为单个企业，应该选择能够从周围环境中学习新知识的组织系统，因此具有更多的探索式学习导向的产业集群应该成为企业决策者在战略上的首选。另一方面，企业管理者应该意识到，过分追求短期利益的学习方式会引起集群整体长期的竞争劣势，这其中也包括企业自身。因此对于企业管理者来说，在长期，他们应该保持调整自身学习行为的能力和意识，这对于集群整体和其自身都是有益的。

6.3 研究展望

从企业知识观视角入手，采用深度定性案例研究设计考察产业集群演进的动态机制，发展出有关产业集群演进规律的一般理论模型，贡献于基于过程观（process approach）的知识视角集群理论（knowledge based view of cluster）。尽管如此，本书也存在以下不足并期望未来开展进一步研究。

其一，从文献上看，已有关于产业集群研究的结构观是产业集群文献的一个重要观点。

一方面，基于网络结构视角的集群学者（例如，王珺，2002；李新春，2002；池仁勇，2005；符正平、曾素英，2008；王珺、岳芳敏，2009；李新春、宋宇、蒋年云，2004；朱小斌、林庆，2008；钱锡红、杨永福、徐万里，2009；王为东、王文平，2009）为我们理解这种现象作出了卓越的贡献。同时，现有文献中有关企业层面的社会网络对企业学习和绩效的复杂影响的证据，为从社会网络与制度复杂性整合视角开展研究留下空间。例如，陈爽英等（2010）发现企业家银行关系与协会关系对研发投资倾向有积极影响，但政治关系具有消极影响。基于长三角地区700位企业家的调查，Burt等学者研究发现：结构洞位置能够避免企业陷入战略近视效应（Burt，1992；Opper and Burt，2021）、提升长期绩效（Burt and Burzynska，2017；Burt and Opper，2020），但不利于网络成员之间发展强信任关系（Burt and Batjargal，2019），进而不利于企业在初创期获取必要的创业资源（Zhao and Burt，2018；Burt，2019）。上述成功表明了企业社会网络对战略和绩效影响的复杂性，因此未来研究中的重要研究方向之一，是探究产业集群中企业及其不同类型的社会关系和结构特征，并以此作为解释本书发现的深层次原因。

另一方面，经济地理学者（如Maskwell的系列研究）从集群经济结构和劳动分工视角也为我们探究集群现象提供了有力的工具。本书从制度理论和组织学习理论的整合视角解释产业集群演进的内在机制，是对上述文献的补充。但是，这些理论之间可能存在更为深刻的内在联系。例如，集群内部的网络结构可能作为一种集群内学习的重要工具而随着集群在长期的发展过程中和制度化过程共同演变。经济学家所讲的劳动分工下的知识创新可能表现为集群整体的利用式学习，但也似乎可以在特定时期内表现为集群的探索式学习。将这些观点融入一个理论框架将是十分复杂但非常有意义的课题。据此，从理论层面上讲，本书认为，未来的产业集群文献发展方向之一即是将制度、学习和结构视角进行整合，以更加全面和透彻地理解产业集群演进历程。

其二，尽管本书以产业集群作为中观视角开展分析，但未来可以进一步探究产业集群演进的微观基础。换言之，将现有关于企业战略领导力相关文献纳入本书的研究范式，是拓展本书结论的一个重要方向。

一方面，企业总经理（CEO）外在特征和内在人格特质是影响企业战略和绩效的重要因素。从战略角度，CEO占据组织科层结构权力顶端并且是连接组织与环境的节点，成为现代商业组织最重要的决策者，其个人特质对企业绩效起着举足轻重的作用（权小锋、吴世农，2010）。学界从聚焦CEO外在特征发展到关注其内在人格特质，逐步深化对CEO与企业战略和绩效关系的理解。基于高阶理论（Hambrick and Mason，1984），战略学者探究了CEO人口统计、职能背景、经历等外在特征对企业战略和绩效的影响。例如，市场战略方面，何瑛等（2019）发现CEO职业经历越丰富企业行为的冒险性越强。郭丽虹和汪制邦（2021）发现具有多种职业经历的CEO能够积极应对环境变化进而降低“僵尸企业”行为。对绩效而言，传统文献强调CEO年龄、任期等人口统计特征的效应，而近期研究发现更为复杂。例如对年龄来说，年轻CEO因为要提高声望会倾向于提升企业的短期绩效，但囿于社会资本、组织知识不足会危害企业长期效益，表现出CEO年龄对绩效作用的两面性（Boling et al.，2015）。总之，对CEO与企业战略和绩效关系的研究聚焦在其可观察的特征方面。基于高阶理论，这类研究将CEO外在特征作为代理指标反映CEO的个性、思维习惯、风险意识等特质，解释由CEO外在特征带来的企业差异。

与此同时，学界开始认识到不能过度关注CEO外在特征而忽略其内在特质的作用，开始将心理学中人格特质理论拓展到CEO研究中。例如，市场战略方面，Nadkarni和Herrmann （2010）探究CEO大五人格与企业战略的柔性关系：外倾性、情绪稳定性和经验开放性提升战略柔性，尽责性降低战略柔性，宜人性与战略柔性呈倒U形关系。近年来，对CEO自大、过度自信、自恋和谦逊等鲜明人格特征的研究占据文献主流（韵江等，2022）。例如，Chatterjee和Hambrick（2007）发现CEO越自恋，企业冒险行为越多，并且这种倾向在CEO获得外界赞美时更强（Chatterjee and Hambrick，2011）。吴建祖和龚敏（2018）发现CEO越自恋，企业战略变革强度越高；葛菲等（2020）发现CEO过度自信对企业国际扩张具有正向影响。相反，Ou等（2018）发现CEO谦逊有助于提高组织双元性。在此基础上，学者探讨了CEO自恋与谦逊人格的交互效应：兼具谦逊与自恋CEO提高企业创新水平（Zhang et al.，2017）。非市场行为方面，自大CEO

的企业环境污染行为更多（Zhang et al.，2020）、自恋CEO的企业卷入诉讼的可能性更高（O' Reilly et al.，2018）。相反，Cortes-Mejia等（2022）发现谦逊的CEO可以提升企业的道德水平。企业绩效方面，CEO自恋对企业绩效的作用具有权变性：自恋CEO在高组织认同下的绩效更高，反之则更低（Reina et al.，2014）。魏峰等（2021）发现谦逊CEO通过提高组织成员—领导交换关系提高企业绩效。对CEO特质的考察将CEO外在特征研究向前推进一步，积累大量证据（张燕，2021）。

另一方面，CEO认知特征是解释企业战略和绩效差异的深层次原因，因此是未来研究中探究知识视角下产业集群研究理论微观基础的切入点。CEO认知特征是解释企业战略和绩效差异的深层次要素（Nadkarni et al.，2016）。Samimi等（2022）强调：认知特征研究是对战略领导者脑内过程更为深刻的理论建构范式，用以揭示战略领导者实现企业战略和绩效的深层次机理。此类研究认为企业决策者的认知特征（也称认知结构、认知模式、心智地图等）影响个体解读环境的信息处理过程，并最终决定企业行动（Marcel et al.，2011）。例如，企业战略方面，Kaplan等（2008）发现CEO对特定技术领域的注意力能够促进企业在该领域的投资。CEO调节焦点对企业研发战略具有显著影响（Kammerlander et al.，2015）：促进定向与探索式创新和利用式创新均呈现出正相关关系，预防定向对探索式创新具有负向影响但对利用式创新具有正向影响。最新研究中，Carton等（2023）发现CEO解释水平影响企业战略变革：相比于高解释水平（即抽象导向）CEO，低解释水平CEO（即具体导向）更倾向于实施组织变革。绩效方面，Resick等（2009）发现积极自我评价通过提升CEO自身的变革型领导风格进而提升组织影响力。Jia等（2021）发现CEO反思能力通过提升战略决策的全面性提升企业可持续发展绩效。

同时，基于高阶理论，现有文献强调工作情境在CEO制定企业战略中的条件效应，忽略了CEO认知特征的权变影响。例如，根据高阶理论，企业战略不仅由CEO个人决定，而是高度依赖于高管团队的结构（Bantel and Jackson，1989）和决策过程（Eisenhardt and Bourgeois，1988），因此高管团队特征是影响CEO特质能否形成企业战略的重要条件（Hambrick，2007）。以Hambrick等学者为代表，有关高管团队行为整合（Hambrick，1994）、CEO与高管团队交互（CEO-TMT interface，Klimoski and Koles，2001）等概念的系列研究充分体现了上述观点（Simsek et al.，2018）。类似地，Li和Tang（2010）研究发现，由CEO自大特质到企业冒险战略的作用过程中，CEO自由裁量权起到明显强化效应。该研究从多层面选取调节变量，为检验CEO自由裁量权的调节作用提供实证证据。同样，根据高阶理论，CEO所面临的工作要求（job demand）影响其处理决策信息的方式和能力，因此也是影响CEO特质与企业战略关系的重要权变要素（Hambrick et al.，2005）。总之，已有文献认识到CEO认知特征对企业战略和绩效的直接效应，但忽略了其在企业战略制定和执行中的权变影响。实际上，CEO认知特征与企业环境密切交互，共同塑造了企业的战略和绩效（Samimi et al.，2022）。

综上，本书展望未来研究能够充分结合企业高管人员的个人特质和认知特征，并与宏观制度环境和组织学习行为相结合，发展出知识视角下产业集群演进过程的微观心理机制。这一点对推动和深化本书的结论将有所裨益。

其三，本书采用深度定性案例研究设计考察产业集群演进机制，是出于理论建构（theory building）而非理论验证（testing）考虑（Eisenhardt and Graebner，2007）。从“从案例推断理论”（Yin，2003），本书的研究方法和研究目的是相匹配的。虽然对于案例研究学者来说理论推广范围不应该是考虑的重点（Miles and Huberman，1994），但这也是一个值得关注的问题。本书基于中国典型乡镇制造业产业集群案例发展出知识视角下的集群演进过程理论，虽然具有一定的代表性，但是可以在如下两个方面在未来的工作中进行拓展。

一方面，未来研究中可以对本书所发展出来的理论模型进行大样本验证，这一点在中国情境下是可行的。自改革开放以来，在中国东南沿海地区形成了明显的产业集聚区域，不同地区的产业集群发展步伐和态势不尽相同，为大样本验证本书发展出来的理论提供了实证的基础。

另一方面，与Greenwood和Suddaby（2006）的经典研究一样，本书发展出来的理论模型在其他情境中的适用性有待检验。本书的研究目的是从知识视角建构产业集群演进的过程理论，选择的案例产业是知识需求较高的制造业。但是，在其他的行业中是否如此呢？McCann和Folta（2009）的近期理论综述认为，供给方（supply-side，如制造业和高新技术产业等）与需求方（demand-side，如零售行业等）的产业集群可能存在本质上的不同，对于需求方的产业集群甚至连应用企业知识视角解释都是不合适的。虽然这一论点并不影响本书的研究目的、过程和结论，但可能会成为未来对本书结论进行发展的方向之一。

最后，从本质上讲，本书所发展出来的过程模型阐述的是产业集群发展和演进过程中内部制度同构与制度创业以及其相应的利用式学习和探索式学习在它们之间相互转化、矛盾统一的动态过程，这是不是有可能成为一个有关社会系统变革宏大理论（ground theory）的开端呢？

6.4 结语

对中国市场转型过程中产业集群成长历程的观察发现，集群所表现出来的带有重生性的阶梯式发展轨迹普遍存在而且十分复杂，超出了已有产业集群演进理论的解释范畴。以此作为契机，本书构建知识视角下产业集群演进的动态过程理论。本书把制度理论纳入到集群演进的分析框架中，用制度趋同和制度创业两个社会建构过程的转变解释集群结构和知识的内在平衡条件。根据制度创业理论的观点，集群由趋同性的组织变革行为转向趋异性的组织变革是将集群从衰落边缘拉回到正常发展轨道上的关键。研究认为，产业集群演进的内在机制是由其作为组织场域的“制度同构和利用式学习”“制度矛盾”“制度创业和探索式学习”等三个阶段所组成的动态循环过程驱动的。在产业集群演进的不同阶段，集群组织制度性变革和集群学习行为的互动决定了集群整体知识创造的特征，进而决定了集群整体竞争力的波动规律。本书的结论不仅整合了制度理论和组织学习理论中的核心观点，更重要的是为解释知识视角下产业集群演进的内在机制提供了一个全新的、系统化的理论框架，是对产业集群动态过程研究领域的重大创新。

不仅如此，从实践启示上看，在转型经济背景下，对中国特色城镇化发展来说，制度和经济结构的内在平衡是理解乡镇产业集群生存和发展的关键。地方政府在打造乡镇工业转型并实现农村社会城镇化的过程中，应该保持结构发展与制度化建设间的匹配，以富有灵活性的制度建设保障乡镇产业集群的健康成长。同时，兼容集群内部不同类型的组织学习方式也被视为集群企业达成结构与知识内在平衡的关键。集群知识创新的关键在于其内部企业间的相互学习，而不同学习方式产生知识的类型、速度和特征有显著差异。因此，在集群层面上保持利用—探索学习方式的平衡，是达成集群结构和知识内在平衡的又一关键因素。应该看到，中国乡镇工业在快速成长中转型，逐步脱离了单纯依赖地方资源的粗放式经济增长模式，转变为以高技术和知识拉动经济的增长方式。同时，中国特色的城镇化发展不仅表现为农民就地工业化，更表现为农村经济发展的科学化、知识化。因此，以组织学习视角探究乡镇产业集群平衡条件，对指导乡镇产业集群转型升级和向知识型乡镇社会形态转变有重要启示。因此，本书结论也对中国市场转型过程中的产业集群所在地方政府的政策制定、集群企业战略选择和变革提供了理论依据。

参考文献

[1] ALVESSON M，HALLETT T，SPICER A.Uninhibited institutionalisms［J］. Journal of Management Inquiry，2019，28（2）：119-127.

[2] ALVESSON M，SANDBERG J. Generating research questions through problematization［J］. Academy of Management Review，2011，36（2）：247-271.

[3] ALVESSON M，SPICER A.Neo-institutional theory and organization studies：A mid-life crisis?［J］. Organization Studies，2019，40（2）：199-218.

[4] ARIKAN A T. Interfirm knowledge exchanges and the knowledge creation capability of clusters［J］. Academy of Management Review，2009，34（4）：658-676.

[5] ASHFORTH B E，ROGERS K M，PRATT M G，et al. Ambivalence in organizations：A multilevel approach［J］. Organization Science，2014，25（5）：1453-1478.

[6] BANTEL K，JACKSON S.Top management and innovations in banking：Does the composition of the top team make a difference?［J］. Strategic Management Journal，1989，10（S1）：107-124.

[7] BARNEY J B，ZHANG S J.The future of Chinese management research：A

theory of Chinese management versus a Chinese theory of management [J]. Management and Organization Review, 2009, 5 (1): 15-28.

[8] BATHELT H, MALMBERG A, MASKELL P. Clusters and knowledge: Local buzz, global pipelines and the process of knowledge creation [J]. Progress in Human Geography, 2004, 28 (1): 31-56.

[9] BATJARGAL B.The effects of network's structural holes: Polycentric institutions, product portfolio, and new venture growth in China and Russia [J]. Strategic Entrepreneurship Journal, 2010, 4 (2): 146-163.

[10] BATTILANA J, DORADO S.Building sustainable hybrid organizations: The case of commercial microfinance organizations [J]. Academy of Management Journal, 2010, 53 (6): 1419-1440.

[11] BATTILANA J, LECA B, BOXENBAUM E.How actors change institutions: Towards a theory of institutional entrepreneurship [J]. Academy of Management Annals, 2009, 3 (1): 65-107.

[12] BATTILANA J, LEE M.Advancing research on hybrid organizing——Insights from the study of social enterprises [J]. Academy of Management Annals, 2014, 8 (1): 397-441.

[13] BAUM J A C, HAVEMAN H A. Love thy neighbor? Differentiation and agglomeration in the manhattan hotel industry, 1898-1990 [J]. Administrative Science Quarterly, 1997, 42 (2): 304-338.

[14] BAUM J A C, MEAZIAS S J.Localized competition and organizational failure in the Manhattan hotel Industr [J]. Administrative Science Quarterly, 1992, 37 (3): 580-604.

[15] BECKMAN C M.The influence of founding team company affiliations on firm behavior [J]. Academy of Management Journal, 2006, 49 (4): 741-758.

[16] BELL S J, TRACEY B, HEIDE J B.The organization of regional clusters [J]. Academy of Management Review, 2009, 34 (4): 623-642.

[17] BENNER M J, TUSHMAN M. Exploitation, exploration and process

management: The productivity dilemma revisited [J]. Academy of Management Review, 2003, 28 (2): 238-256.

[18] BENSON J K.Organizations: A dialectical view [J]. Administrative Science Quarterly, 1977, 22 (1): 1-21.

[19] BERGER P, LUCKMANN T.The social construction of reality [M]. New York: Doubleday Anchor, 1967.

[20] BERGSTRÖM O, DIEDRICH A. Exercising social responsibility in downsizing: Enrolling and mobilizing actors at a Swedish high-tech company [J]. Organization Studies, 2011, 32 (7): 897-919.

[21] BESHAROV M L, SMITH W K.Multiple institutional logics in organizations: Explaining their varied nature and implications [J]. Academy of Management Review, 2014, 39 (3): 364-381.

[22] BINDER A. For love and money: Organizations' creative responses to multiple environmental logics [J]. Theory and Society, 2007, 36 (6): 547-571.

[23] BIRKINSHAW J, GUPTA K. Clarifying the distinctive contribution of ambidexterity to the field of organization studies [J]. Academy of Management Perspectives, 2013, 27 (4): 324-338.

[24] BOISOT M, CHILD J.From fiefs to clans and network capitalism: Explaining China's emerging economic order [J]. Administrative Science Quarterly, 1996, 41 (4): 600-628.

[25] BOLING J R, PIEPER T M, COVIN J G.CEO tenure and entrepreneurial orientation within family and nonfamily firms [J]. Entrepreneurship Theory and Practice, 2016, 40 (4): 891-913.

[26] BOXENBAUM E, JONSSON S. Isomorphism, diffusion and decoupling: Concept evolution and theoretical challenges [C] //In R. Greenwood, C. Oliver, T. B. Lawrence and R. E. Meyer (Eds.): The Sage Handbook of Organizational Institutionalism. Thousand Oaks, CA: SAGE Publications,

2017: 79-104.

[27] BOXENBAUM E, ROULEAU L. New knowledge products as bricolage: Metaphors and scripts in organizational theory [J]. Academy of Management Review, 2011, 36 (2): 272-296.

[28] BROMILEY P, RAU D.Social, behavioral and cognitive influences on upper echelons during strategy process: A literature review [J]. Journal of Management, 2016, 42 (1): 174-202.

[29] BURGESS J W. Political science and comparative constitutional law [M]. Boston: Ginn, 1902.

[30] BURT R S, BATJARGAL B. Comparative network research in China [J]. Management and Organization Review, 2019, 15 (1): 3-29.

[31] BURT R S, BURZYNSKA K. Chinese entrepreneurs, social networks, and guanxi [J]. Management and Organization Review, 2017, 13 (2): 221-260.

[32] BURT R S, OPPER S.Political connection and disconnection: Still a success factor for Chinese Entrepreneurs [J]. Entrepreneurship Theory and Practice, 2020, 44 (6): 1199-1228.

[33] BURT R S. Network disadvantaged entrepreneurs: Density, hierarchy, and success in China and the West [J]. Entrepreneurship Theory and Practice, 2019, 43 (1): 19-50.

[34] BURT R S. Structural holes: The social structure of competition [M]. Cambridge, MA: Harvard University Press, 1992.

[35] CACIOPPO J T, GARDNER W L, BERNTSON G G. Beyond bipolar conceptualizations and measures: The case of attitudes and evaluative space [J]. Personality and Social Psychology Review, 1997, 1 (1): 3-25.

[36] CANINA L, ENZ C A, HARRISON J S. Agglomeration effects and strategic orientations: Evidence from the U. S. lodging industry [J]. Academy of Management Journal, 2005, 48 (4): 565-581.

[37] CAPELLO R. Spatial transfer of knowledge in high-tech milieux: Learning versus collective learning progresses [J]. Regional Studies, 1999, 33 (4): 352-365.

[38] CARDINALE I. Beyond constraining and enabling: Towards new microfoundations for institutional theory [J]. Academy of Management Review, 2018, 43 (1): 132-155.

[39] CARTON P A M, KNOWLTON D K, COUTIFARIS M C, et al. Painting a clear picture while seeing the big picture: When and why leaders overcome the trade-off between concreteness and scale [J]. Academy of Management Journal, 2023, 66 (1): 43-66.

[40] CHATTERJEE A, HAMBRICK D C. Executive personality, capability cues, and risk taking: How narcissistic CEOs react to their successes and stumbles [J]. Administrative Science Quarterly, 2011, 56 (2): 202-237.

[41] CHATTERJEE A, HAMBRICK D C. It's all about me: Narcissistic chief executive officers and their effects on company strategy and performance [J]. Administrative Science Quarterly, 2007, 52 (3): 351-386.

[42] CHILD J, LUA Y, TERENCE T. Institutional entrepreneurship in building an environmental protection system for the People's Republic of China [J]. Organization Studies, 2007, 28 (7): 1013-1034.

[43] CHOLAKOVA M, RAVASI D. Why do individuals perceive and respond to the same institutional demands differently? On the cognitive structural underpinnings of institutional complexity [J]. Research in the Sociology of Organizations, 2019, 65A: 99-118.

[44] CHRISTMANN P. Multinational companies and the natural environment: Determinants of global environmental policy standardization [J]. Academy of Management Journal, 2004, 47 (5): 747-760.

[45] COASE R H. The nature of the firm [J]. Economica, 1937 (4): 385-405.

[46] COMMONS J R. The economics of collective action [M]. Madison:

University of Wisconsin Press，1950/1970.

[47] CONNELLY B L，SHI W，WALKER H J，et al.Searching for a sign：CEO successor selection in the wake of corporate misconduct [J]. Journal of Management，2022，48 (4)：1035-1066.

[48] CORBIN J，STRAUSS A. Grounded theory research：Procedures，canons and evaluative criteria [J]. Qualitative Sociology，1990，13 (1)：3-21.

[49] CORTES-MEJIA S，CORTES A F，HERRMANN P. Sharing strategic decisions：CEO humility，TMT decentralization，and ethical culture [J]. Journal of Business Ethics，2022，178 (1)：241-260.

[50] CREED W E D，DEJORDY R，LOK J. Being the change：Resolving institutional contradiction through identity work [J]. Academy of Management Journal，2010，53 (6)：1336-1364.

[51] CREED W E D，HUDSON B A，OKHUYSEN G A，et al.Swimming in a sea of shame：Incorporating emotion into explanations of institutional reproduction and change [J]. Academy of Management Review，2014，39 (3)：275-301.

[52] CRILLY D，ZOLLO M，HANSEN M T. Faking it or muddling through：Understanding decoupling in response to stakeholders pressures [J]. Academy of Management Journal，2012，55 (6)：1429-1448.

[53] DE LIVER Y，VAN DER PLIGT J，WIGBOLDUS D H J. Positive and negative associations underlying ambivalent attitudes [J]. Journal of Experimental Social Psychology，2007，43 (2)：319-326.

[54] DIMAGGIO P J，POWELL W W. The iron cage revisited：Institutional isomorphism and collective rationality in organizational fields [J]. American Sociological Review，1983，48 (2)：147-160.

[55] DIMAGGIO P J. Culture and cognition [J]. Annual Review of Sociology，1997，23 (1)：263-287.

[56] DIMAGGIO P J.Interest and agency in institutional theory [A] //In L. Zucker

（Ed.），Institutional patterns and organizations ［C］. Cambridge，MA：Ballinger，1988：3-22.

［57］ DIMAGGIO P，POWELL W W.Introduction ［A］//In W. W. Powell and P. J. DiMaggio （Eds）：The New Institutionalism in Organizational Analysis ［C］. Chicago：University of Chicago Press，1991：1-38.

［58］ DOUGHERTY D，苏筠，郑英建. 质化研究及其数据分析 ［A］// 陈晓萍，徐淑英，樊景立. 组织与管理研究的实证方法 . 北京：北京大学出版社，2012：272-296.

［59］ DRAGO-SEVERSON E.Becoming adult learners：Principles and practices for effective development ［M］. New York：Teachers College Press，2004.

［60］ DRAGO-SEVERSON E. Leading adult learning：Supporting adult development in our schools ［M］. Thousand Oaks，CA：Sage，2009.

［61］ DRIVER M.Struggling with lack：A Lacanian perspective on organizational identity ［J］. Organization Studies，2009，30 （1）：55-72.

［62］ DUNN M B，JONES C.Institutional logics and institutional pluralism：The contestation of care and science logics in medical education ［J］. Administrative Science Quarterly，2010，55 （1）：114-149.

［63］ DUTTON J E，DUKERICH J M.Keeping an Eye on the Mirror：Image and Identity in Organizational Adaptation ［J］. Academy of Management Journal，1991，34（3）：517-554.

［64］ D'AUNNO T，SUCCI M，ALEXANDER J A.The role of institutional and market forces in divergent organizational change ［J］. Administrative Science Quarterly，2000，45（4）：679-703.

［65］ EISENHARDT K M，BOURGEOIS L J.Politics of strategic decision making in high-velocity environments：Toward a midrange theory ［J］. Academy of Management Journal，1988，31 （4）：737-770.

［66］ EISENHARDT K M，GRAEBNER M E. Theory building from cases：Opportunities and challenges ［J］. Academy of Management Journal，2007，

50 (1): 25-32.

[67] EMERSON R, FRETZ R, SHAW L. Writing ethnographic fieldnotes [M]. Chicago: University of Chicago Press, 1995.

[68] FANG C, LEE J, SCHILLING M A. Balancing exploration and exploitation through structural design: The isolation of subgroups and organizational learning [J]. Organization Science, 2010, 21 (3): 625-642.

[69] FONG C T. The effects of emotional ambivalence on creativity [J]. Academy of Management Journal, 2006, 49 (5): 1016-1030.

[70] FRIEDLAND R, ALFORD R R. Bringing society back in: Symbols, practices, and institutional contradictions [A] //In W. W. Powell and P. J. DiMaggio (Eds.): The New Institutionalism in Organizational Analysis [C]. Chicago: University of Chicago Press, 1991: 232-266.

[71] FUJITA M, KRUGMAN P, VENABLES A. The spatial economy: Cities, regions, and international trade [M]. Cambridge, MA: MIT Press, 1999.

[72] FUJITA M, THISSE J-F. Economics of agglomeration: Cities, industrial location, and regional growth [M]. Cambridge: Cambridge University Press, 2002.

[73] FURNARI S. Interstitial spaces: Microinteraction settings and the genesis of new practices between institutional fields [J]. Academy of Management Review, 2014, 39 (4): 439-462.

[74] GARUD R, JAIN S, KUMARASWAMY A. Institutional entrepreneurship in the sponsorship of common technological standards: The case of Sun Microsystems and Java [J]. Academy of Management Journal, 2002, 45 (1): 196-214.

[75] GIBSON C B, BIRKINSHAW J. The antecedents, consequences, and mediating role of organizational ambidexterity [J]. Academy of Management Journal, 2004, 47 (2): 209-226.

[76] GIDDENS A. The constitution of society: Outline of the theory of structuration

[M]. Berkeley: University of California Press, 1984.

[77] GILBERT C G.Change in the presence of residual fit: Can competing frames coexist [J]. Organization Science, 2006, 17 (1): 150–167.

[78] GLASER B, STRAUSS A. Discovery of grounded theory [M]. Chicago: Aldine, 1967.

[79] GLYNN M A.Beyond constraint: How institutions enable identities [A] //In R. Greenwood, C. Oliver, K. Sahlin and R. Suddaby (Eds.): The Sage Handbook of Organizational Institutionalism [C]. London: Sage, 2008: 413–430.

[80] GOFFMAN E. The presentation of self in everyday life [M]. New York: Anchor Books, 1959.

[81] GOLDEN–BIDDLE K, LOCKE K. Composing qualitative research [M]. Thousand Oaks, CA: Sage, 2007.

[82] GOLDSTEIN G S, GRONBERG T J. Economies of scope and economies of agglomeration [J]. Journal of Urban Economics, 1984, 16 (1): 91–104.

[83] GOODRICK E, REAY T.Constellations of institutional logics: Changes in the professional work of pharmacists [J]. Work and Occupations, 2011, 38 (3): 372–416.

[84] GREENWOOD R, DÍAZ A M, LI S X, et al.The multiplicity of institutional logics and the heterogeneity of organizational responses [J]. Organization Science, 2010, 21 (2): 521–539.

[85] GREENWOOD R, HININGS C R. Understanding radical organizational change: Bringing together the old and the new institutionalism [J]. Academy of Management Review, 1996, 21 (4): 1022–1054.

[86] GREENWOOD R, OLIVER C, SUDDABY R, et al.Introduction [A] //In R. Greenwood, C. Oliver, R. Suddaby and K. Sahlin (Eds.), The Sage handbook of organizational institutionalism [C]. London: Sage, 2008: 1–46.

[87] GREENWOOD R, RAYNARD M, KODEIH F, et al. Institutional complexity and organizational responses [J]. Academy of Management Annals, 2011, 5 (1): 317-371.

[88] GREENWOOD R, SUDDABY R. Institutional entrepreneurship in mature fields: The big five accounting firms [J]. Academy of Management Journal, 2006, 49 (1): 27-48.

[89] GROYSBERG B, LEE L E.Hiring stars and their colleagues: Exploration and exploitation in professional service firms [J]. Organization Science, 2009, 20 (4): 740-758.

[90] GUILLÉN M F.Structural inertia, imitation, and foreign expansion: South Korean firms and business groups in China, 1987-95 [J]. Academy of Management Journal, 2002, 45 (3): 509-525.

[91] GUPTA A K, SMITH K G, SHALLEY C E.The interplay between exploration and exploitation [J]. Academy of Management Journal, 2006, 49 (4): 693-706.

[92] HAACK P, SCHOENEBORN D, WICKERT C. Talking the talk, moral entrapment, creeping commitment? Exploring narrative dynamics in corporate responsibility standardization [J]. Organization Studies, 2012, 33 (5-6): 815-845.

[93] HAACK P, SIEWEKE J, WESSEL L. Microfoundations and multi-level research on institutions [J]. Research in the Sociology of Organizations, 2019, 65A: 11-40.

[94] HAACK P, SIEWEKE J. The legitimacy of inequality: Integrating the perspectives of system justification and social judgment [J]. Journal of Management Studies, 2018, 55 (3): 486-516.

[95] HAMBRICK D C, FINKELSTEIN S, MOONEY A C.Executive job demands: New insights for explaining strategic decisions and leader behaviors [J]. Academy of Management Review, 2005, 30 (3): 472-491.

[96] HAMBRICK D C, MASON P A. Upper echelons: The organization as a reflection of its top managers [J]. Academy of Management Review, 1984, 9 (2): 193-206.

[97] HAMBRICK D C. Top management groups: A conceptual integration and reconsideration of the "team" label [J]. Research in Organizational Behavior, 1994 (16): 171-213.

[98] HAMBRICK D C. Upper echelons theory: An update [J]. Academy of Management Review, 2007, 32 (2): 334-343.

[99] HARVEY O J, HUNT D, SCHRODER H. Conceptual systems and personality organization [M]. New York, NY: John Wiley and Sons, 1961.

[100] HAVEMAN H A, RAO H. Structuring a theory of moral sentiments: Institutional and organizational coevolution in the early thrift industry [J]. American Journal of Sociology, 1997, 102 (6): 1606-1651.

[101] HE Z L, WONG P K. Exploration vs. exploitation: An empirical test of the ambidexterity hypothesis [J]. Organization Science, 2004, 15 (4): 481-494.

[102] HENDERSON R, CLARK K B. Architectural innovation: The reconfiguration of existing product technologies and the failure of established firms [J]. Administrative Science Quarterly, 1990, 35 (1): 9-30.

[103] HOLM P. The dynamics of institutionalization: Transformation processes in Norwegian fisheries [J]. Administrative Science Quarterly, 1995, 40 (3): 398-422.

[104] HOLSTEIN J A, GUBRIUM J F. The Active Interview [M]. Thousand Oaks, CA: Sage, 1995.

[105] HOMANS G C. The human group [M]. New York: Harcourt Brace Jovanovich, 1950.

[106] HOOVER E M. Location theory and the shoe and leather industries [M]. Cambridge, MA: Harvard University, 1937.

[107] HUA X, CHEN Y, PRASHANTHAM S.Institutional logic dynamics: Private firm financing in Ningbo [J]. Business History, 2016, 58 (3): 378-407.

[108] HUANG Z H, ZHANG X B, ZHU Y W. The role of clustering in rural industrialization: A case study of the footwear industry in Wenzhou [J]. China Economic Review, 2008, 19 (3): 409-420.

[109] HWANG H, COLYVAS J A. Ontology, levels of society, and degrees of generality: Theorizing actors as abstractions in institutional theory [J]. Academy of Management Review, 2020, 45 (3): 570-595.

[110] HÄUSSLER C, ZADEMACH H-M. Cluster Performance Reconsidered: Structure, linkages and paths in the german biotechnology industry, 1996-2003 [J]. Schmalenbach Business Review, 2007, 59 (3): 261-281.

[111] INGRAM P. Organizational form as a solution to the problem of credible commitment: The evolution of naming strategies among U. S. hotel chains, 1896-1980 [J]. Strategic Management Journal, 1996, 17 (S1): 85-98.

[112] JACOBS J.The economy of cities [M]. New York: Vintage, 1969.

[113] JARVIS L C. Feigned versus felt: Feigning behaviors and the dynamics of institutional logics [J]. Academy of Management Journal, 2017, 42 (2): 306-333.

[114] JEPPERSON R L. Institutions, institutional effects, and institutionalization [A] //In W. W. Powell and P. J. DiMaggio (Eds.), The new institutionalism in organizational analysis [C]. Chicago: The University of Chicago Press, 1991: 143-163.

[115] JIA L D, LI S L, TALLMAN S, et al.Catch-up via agglomeration: A study of township clusters [J]. Global Strategy Journal, 2017, 7 (2): 193-211.

[116] JIA L D, YOU S Y, DU Y Z.Chinese context and theoretical contributions to management and organization research: A three-decade review [J]. Management and Organization Review, 2012, 8 (1): 173-209.

[117] JIA Y, TSUI A S, YU X. Beyond bounded rationality: CEO reflective

capacity and firm sustainability performance [J]. Management and Organization Review, 2021, 17 (4): 777-814.

[118] JUBAS K, BUTTERWICK S. Hard/soft, formal/informal, work/learning: Tenuous/persistent binaries in the knowledge-based society [J]. Journal of Workplace Learning, 2008, 20 (7/8): 514-525.

[119] JÄRVI K, KOHVAKKA M.Experiences of navigating institutional plurality - social position, disposition, emotions, and apprehension [A] //In W. J. Zerbe, C. E. J. Härtel, N. M. Ashkanasy and L. Petitta (Eds): Emotions and Identity [C]. Houston: Emerald Publishing, 2017: 47-75.

[120] KAMMERLANDER N, BURGER D, FUST A, et al. Exploration and exploitation in established small and medium-sized enterprises: The effect of CEOs' regulatory focus [J]. Journal of Business Venturing, 2015, 30 (4): 582-602.

[121] KAPLAN S.Cognition, capabilities, and incentives: Assessing firm response to the fiber-optic revolution [J]. Academy of Management Journal, 2008, 51 (4): 672-695.

[122] KEGAN R, LAHEY L L.Immunity to change: How to overcome it and unlock the potential in yourself and your organization [M]. Boston: Harvard Business School Press, 2009.

[123] KEGAN R. The evolving self: Problem and process in human development [M]. Cambridge, MA: Harvard University Press, 1982.

[124] KILDUFF M, MEHRA A, DUNN M B. From blue sky research to problem solving: A philosophy of science theory of new knowledge production [J]. Academy of Management Review, 2011, 36 (2): 297-317.

[125] KIM T Y, SHIN D, OH H, et al. Inside the iron cage: Organizational political dynamics and institutional changes in presidential selection systems in Korean universities, 1985 - 2002 [J]. Administrative Science Quarterly, 2007, 52 (2): 286-323.

[126] KLIMOSKI R J, KOLES K L K. The chief executive officer and top management team interface [A] //In S. Zaccaro and R. Klimoski (Eds.), The nature of organizational leadership [C]. San Francisco: Jossey-Bass, 2001: 219-269.

[127] KORNAI J. The Economics of Shortage [M]. Amsterdam: North Holland, 1980.

[128] KRAATZ M S, BLOCK E S. Organizational implications of institutional pluralism [A] //In R. Greenwood, C. Oliver, K. Sahlin and R. Suddaby (Eds.): The SAGE Handbook of Organizational Institutionalism [C]. London: Sage, 2008: 243-275.

[129] KRAATZ M S, ZAJAC E J. Exploring the limits of the new institutionalism: The causes and consequences of illegitimate organizational change [J]. American Sociological Review, 1996, 61 (5): 812-836.

[130] KRUGMAN P. Development, geography, and economic theory [M]. Cambridge, Mass: MIT Press, 1995.

[131] KRUGMAN P. Geography and trade [M]. Cambridge, MA: MIT Press, 1991.

[132] LANE P J, KOKA B R, PATHAK S. The reification of absorptive capacity: A critical review and rejuvenation of the construct [J]. Academy of Management Review, 2006, 31 (4): 833-863.

[133] LAVIE D, ROSENKOPF L. Balancing exploration and exploitation in alliance formation [J]. Academy of Management Journal, 2006, 49 (4): 797-818.

[134] LAVIE D, STETTNER U, TUSHMAN M L. Exploration and exploitation within and across organizations [J]. Academy of Management Annals, 2010, 4 (1): 109-155.

[135] LAWRENCE T B, SUDDABY R, LECA B. Institutional work: Actors and agency in institutional studies of organizations [M]. Cambridge: Cambridge University Press, 2009.

[136] LAWRENCE T B, SUDDABY R. Institutions and institutional work [A] //In S. R. Clegg, C. Hardy, T. B. Lawrence W. R. Nord (Eds.): The Sage Handbook of Organization Studies (2nd ed.) [C]. London: Sage, 2006: 213-254.

[137] LAWSON C, LORENZ E. Collective learning, tacit knowledge and regional innovative capacity [J]. Regional Studies, 1999, 33 (4): 305-317.

[138] LEBLEBICI H, SALANCIK G R, COPAY A, et al. Institutional change and the transformation of interorganizational fields: An organizational history of the U.S. radio broadcasting industry [J]. Administrative Science Quarterly, 1991, 36 (3): 333-363.

[139] LEPOUTRE J M, VALENTE M. Fools breaking out: The role of symbolic and material immunity in explaining institutional nonconformity [J]. Academy of Management Journal, 2012, 55 (2): 285-313.

[140] LEVINTHAL D A, MARCH J G. The myopia of learning [J]. Strategic Management Journal, 1993, 14 (1): 95-112.

[141] LEVITT B, MARCH J G. Organizational learning [J]. Annual Review of Sociology, 1988 (14): 319-340.

[142] LEVY D L, BROWN H S, DE JONG M. The contested politics of corporate governance: The case of the global reporting initiative [J]. Business and Society, 2010, 49 (1): 88-115.

[143] LEWIN A Y, LONG C P, CARROLL T N. The coevolution of new organizational forms [J]. Organization Science, 1999, 10 (5): 535-550.

[144] LI J T, TSUI A S. A citation analysis of management and organization research in the Chinese context: 1984—1999 [J]. Asia Pacific Journal of Management, 2002, 19 (1): 87-107.

[145] LI J, TANG Y. CEO hubris and firm risk taking in China: The moderating role of managerial discretion [J]. Academy of Management Journal, 2010, 53 (1): 45-68.

[146] LI P P.Social ties, social capital, and social behavior: Toward an integrative model of informal exchange [J]. Asia Pacific Journal of Management, 2007a, 24 (2): 227–246.

[147] LI P P. The puzzle of China's township–village enterprises: The paradox of local corporatism in a dual–track economic transition [J]. Management and Organization Review, 2005, 1 (2): 197–224.

[148] LI P P. Toward a geocentric framework of organizational form: A holistic, dynamic and paradoxical approach [J]. Organization Studies, 1998, 19 (5): 829–861.

[149] LI P P. Toward a geocentric framework of trust: An application to organizational trust [J]. Management and Organization Review, 2008, 4 (3): 413–439.

[150] LI P P. Toward an integrative framework of indigenous research: The geocentric implications of Yin–Yang Balance [J]. Asia Pacific Journal of Management, 2012, 29 (4): 849–872.

[151] LI P P.Towards an interdisciplinary conceptualization of trust: A typological approach [J]. Management and Organization Review, 2007b, 3 (3): 421–445.

[152] LIN N. Local market socialism: Local corporatism in action in rural China [J]. Theory and Society, 1995, 24 (3): 301–354.

[153] LOK J.Institutional logics as identity projects [J]. Academy of Management Journal, 2010, 53 (6): 1305–1335.

[154] LOUNSBURY M, STEELE C, WANG M S, et al. New Directions in the Study of Institutional Logics: From Tools to Phenomena [J]. Annual Review of Sociology, 2021, 47 (1): 261–280.

[155] LOUNSBURY M.A tale of two cities: Competing logics and practice variation in the professionalizing of mutual funds [J]. Academy of Management Journal, 2007, 50 (2): 289–307.

[156] MAGUIRE S, HARDY C, LAWRENCE T B. Institutional entrepreneurship in emerging fields: HIV/AIDS treatment advocacy in Canada [J]. Academy of Management Journal, 2004, 47 (5): 657-679.

[157] MAGUIRE S, HARDY C. Discourse and deinstitutionalization: The decline of DDT [J]. Academy of Management Journal, 2009, 52 (1): 148-178.

[158] MALMBERG A, MASKELL P. Localized learning revisited [J]. Cambridge Journal of Economics, 2006, 37 (1): 1-18.

[159] MALMBERG A, MASKELL P. The elusive concept of localization economies: Towards a knowledge-based theory of spatial clustering [J]. Environment and Planning A, 2002, 34 (3): 429-449.

[160] MALMBERG A, POWER D. (How) do (Firms in) clusters create knowledge? [J]. Industry and Innovation, 2005, 12 (4): 409-431.

[161] MARCEL J J, BARR P S, DUHAIME I M. The influence of executive cognition on competitive dynamics [J]. Strategic Management Journal, 2011, 32 (2): 115-138.

[162] MARCH J G, OLSEN J P. The new institutionalism: Organizational factors in political life [J]. American Political Science Review, 1984, 78 (3): 734-749.

[163] MARCH J G. Exploration and exploitation in organizational learning [J]. Organization Science, 1991, 2 (1): 71-87.

[164] MARKIDES C C. Business model innovation: What can the ambidexterity literature teach us? [J]. Academy of Management Perspectives, 2013, 27 (4): 313-323.

[165] MARQUIS C, LOUNSBURY M. Vive la résistance: Competing logics and the consolidation of U. S. community banking [J]. Academy of Management Journal, 2007, 50 (4): 799-820.

[166] MARSHALL A. Principles of economics (8th ed.) [M]. London: Macmillan, 1890/1920.

[167] MARTÍ I, MAIR J. Bringing change into the lives of the poor:

Entrepreneurship outside traditional boundaries [A] // In T. B. Lawrence, R. Suddaby and B. Leca (Eds.), Institutional work: Actors and agency in institutional studies of organizations [C]. Cambridge: Cambridge University Press, 2009: 92-119.

[168] MASKELL P, MALMBERG A. Localized Learning and Industrial Competitiveness [J]. Cambridge Journal of Economics, 1999, 23 (2): 167-185.

[169] MASKELL P, MALMBERG A. Myopia, knowledge development and cluster evolution [J]. Journal of Economic Geography, 2007, 7 (5): 603-618.

[170] MASKELL P. Towards a knowledge-based theory of the geographical cluster [J]. Industrial and Corporate Change, 2001, 10 (4): 921-943.

[171] MCCANN B T, FOLTA T B. Demand- and supply-side agglomerations: Distinguishing between fundamentally different manifestations of geographic concentration [J]. Journal of Management Studies, 2009, 46 (3): 362-392.

[172] MCCANN B T, FOLTA T B. Location matters: Where we have been and where we might go in agglomeration research [J]. Journal of Management, 2008, 34 (3): 532-565.

[173] MCGRATH R G. Exploratory learning, innovative capacity, and managerial oversight [J]. Academy of Management Journal, 2001, 44 (1): 118-131.

[174] MCPHERSON C M, SAUDER M. Logics in action: Managing institutional complexity in a drug court [J]. Administrative Science Quarterly, 2013, 58 (2): 165-196.

[175] MERTON R K. Bureaucratic structure and personality [A] //In Social theory and social structure [C]. 2nd ed, Glencoe, IL: Free Press, 1940/1957: 195-206.

[176] MERTON R K. Sociological ambivalence and other essays [M]. New York: Free Press, 1976.

[177] MEYER J W, ROWAN B. Institutionalized organizations: Formal structure as

myth and ceremony [J]. American Journal of Sociology, 1977, 83 (2): 340-363.

[178] MEYERSON D E, SCULLY M A. Tempered radicalism and the politics of ambivalence and change [J]. Organization Science, 1995, 6 (5): 585-600.

[179] MILES M B, HUBERMAN A M. Qualitative data analysis [M]. Thousand Oaks, CA: Sage, 1994.

[180] MILLER K D, ZHAO M, CALANTONE R. Adding interpersonal learning and tacit knowledge to March's exploration-exploitation model [J]. Academy of Management Journal, 2006, 49 (4): 709-722.

[181] MIZRUCHI M S, MARSHALL II L J. Corporate CEOs, 1890-2015: Titans, bureaucrats, and saviors [J]. Annual Review of Sociology, 2016, 42 (1): 143-163.

[182] MOHR L. Explaining organization behavior [M]. San Francisco: Jossey-Bass, 1982.

[183] MONTGOMERY C A. Corporate diversification [J]. Journal of Economic Perspectives, 1994, 8 (3): 163-178.

[184] NADKARNI S, CHEN T, CHEN J. The clock is ticking! Executive temporal depth, industry velocity, and competitive aggressiveness [J]. Strategic Management Journal, 2016, 37 (6): 1132-1153.

[185] NADKARNI S, HERRMANN P. CEO personality, strategic flexibility, and firm performance: The case of the Indian business process outsourcing industry [J]. Academy of Management Journal, 2010, 53 (5): 1050-1073.

[186] NEE V, CAO Y. Path dependent societal transformation: Stratification in hybrid mixed economies [J]. Theory and Society, 1999, 28 (6): 799-834.

[187] NEE V, MATTHEWS R. Market transition and societal transformation in reforming state socialism [J]. Annual Review Socialism, 1996 (22):

401–435.

［188］ NEE V， OPPER S. Capitalism from below： Markets and institutional change in China ［M］. Cambridge： Harvard University Press， 2012.

［189］ NEE V. A theory of market transition： From redistribution to markets in state socialism ［J］. American Sociological Review， 1989 （54）： 663–681.

［190］ NEE V. Organizational dynamics of institutional change： China ' s market economy ［A］ //In V. Nee and R. Swedberg （Eds.）， Economic Sociology of Capitalism ［C］. Princeton University Press， 2004.

［191］ NEE V. Organizational dynamics of market transition： Hybrid forms， property rights， and mixed economy in China ［J］. Administrative Science Quarterly， 1992， 37 （1）： 1–27.

［192］ NEE V. The emergence of a market society： Changing mechanisms of stratification in China ［J］. American Journal of Sociology， 1996， 101 （4）： 908–949.

［193］ NISBETT R E， PENG K， CHOI I， et al. Culture and systems of thought： Holistic versus analytic cognition ［J］. Psychological Review， 2001， 108 （2）： 291–310.

［194］ NORTH D. Institutions， institutional change， and economic performance ［M］. New York： Norton， 1990.

［195］ OCASIO W. Toward an attention based view of the firm ［J］. Strategic Management Journal， 1997， 18 （S1）： 187–206.

［196］ OLIVER C. Strategic responses to institutional processes ［J］. Academy of Management Review， 1991， 16 （1）： 145–179.

［197］ OPPER S， BURT R S. Social network and temporal myopia ［J］. Academy of Management Journal， 2021， 64 （3）： 741–771.

［198］ O'REILLY C， TUSHMAN M A. Organizational ambidexterity： Past， present， and future ［J］. Academy of Management Perspectives， 2013， 27 （4）： 324–338.

[199] OU A Y, WALDMAN D A, PETERSON S J. Do humble CEOs matter? An examination of CEO humility and firm outcomes [J]. Journal of Management, 2018, 44 (3): 1147–1173.

[200] O'REILLY III C A, DOERR B, CHATMAN J A. "See you in court": How CEO narcissism increases firms' vulnerability to lawsuits [J]. The Leadership Quarterly, 2018, 29 (3): 365–378.

[201] PACHE A C, SANTOS F. Inside the hybrid organization: Selective coupling as a response to competing institutional logics [J]. Academy of Management Journal, 2013, 56 (4): 972–1001.

[202] PACHE A C, SANTOS F. When worlds collide: The internal dynamics of organizational responses to conflicting institutional demands [J]. Academy of Management Review, 2010, 35 (3): 455–476.

[203] PACHE A C, SANTOS F. When worlds keep on colliding: Exploring the consequences of organizational responses to conflicting institutional demands [J]. Academy of Management Review, 2021, 46 (4): 640–659.

[204] PARSONS T. The social system [M]. New York: Free Press, 1951.

[205] PARSONS T. The structure of social action [M]. New York: McGraw–Hill, 1937.

[206] PATTON D, KENNEY M. The spatial distribution of entrepreneurial support networks: Evidence from semiconductor initial public offerings from 1996 through 2000 [A] // In D. Fornahl and C.Zellner (Eds.), The Role of Labor Mobility and Informal Networks for Knowledge Transfer [C]. 2005: 29–52.

[207] PENG K, NISBETT R E. Culture, dialectics, and reasoning about contradiction [J]. American Psychologist, 1999, 54 (9): 741–754.

[208] PERRETTI F, NEGRO G. Filling empty seats: How status and organizational hierarchies affect exploration and exploitation in team design [J]. Academy of Management Journal, 2006, 49 (4): 759–777.

[209] PETRIGLIERI J L. Co–creating relationship repair: Pathways to

reconstructing destabilized organizational identification [J]. Administrative Science Quarterly, 2015, 60 (3): 518-557.

[210] PETTY R E, BRINOL P, DEMARREE K G. The meta-cognitive model (MCM) of attitudes: Implications for attitude measurement, change, and strength [J]. Social Cognition, 2007, 25 (5): 657-686.

[211] PHILLIPS N, LAWRENCE T B, HARDY C.Discourse and institutions [J]. Academy of Management Review, 2004, 29 (4): 635-652.

[212] PIDERIT S K. Rethinking resistance and recognizing ambivalence: A multidimensional view of attitudes toward an organizational change [J]. Academy of Management Review, 2000, 25 (4): 783-794.

[213] PLAMBECK N, WEBER K. CEO ambivalence and responses to strategic issues [J]. Organization Science, 2009, 20 (6): 993-1010.

[214] PLOWMAN D A, BAKER L T, BECK T E, et al. Radical change accidentally: The emergence and amplification of small change [J]. Academy of Management Journal, 2007, 50 (3): 515-543.

[215] POLANYI K.The Economy as Instituted Process [A] // In K. Polanyi, C. Arensberg and H. Pearson (Eds.), Trade and Market in Early Empires [C]. Glencoe, Ill.: Free Press, 1957: 243-269.

[216] POLANYI K.The Great Transformation: The political and economic origins of our time [M]. New York: Rinehart, 1944.

[217] POOLE M S, VAN DE VEN A H, DOOLEY K, et al.Organizational change and innovation processes: Theory and methods for research [M]. New York: Oxford University Press, 2000.

[218] POOLE M S, VAN DE VEN A H. Handbook of organizational change and innovation [M]. New York: Oxford University Press, 2004.

[219] POPP N, PORTNOW K.Our developmental perspective on adulthood [A] // In R.Kegan, M.Broderick, E.Drago-Severson, D. Helsing, N. Popp and K. Portnow (Eds.): Toward a "New Pluralism" in the ABE/ESOL Classroom:

Teaching to Multiple "Cultures of Mind" (NCSALL Reports #19) [C]. Boston: Harvard University Graduate School of Education, National Center for the Study of Adult Learning and Literacy, 2001: 77-228.

[220] PORTER M E.Clusters and the new economics of competition [J]. Harvard Business Review, 1998, 76 (6): 77-90.

[221] PORTER M E. Location, competition, and economic development: Local clusters in a global economy [J]. Economic Development Quarterly, 2000, 14 (1): 15-34.

[222] PORTER M E.The Competitive Advantage of Nations [M]. NY: Free Press, 1990.

[223] POUDER R, ST.JOHN C H.Hot spots and blind spots: Geographical clusters of firms and innovation [J]. Academy of Management Review, 1996, 21 (4): 1192-1225.

[224] POWELL W W, DIMAGGIO P J.The new institutionalism in organizational analysis [M]. Chicago: The University of Chicago Press, 1991.

[225] POWELL W W, KOPUT K W, BOWIE J I, et al.The spatial clustering of science and capital: Accounting for biotech firm-venture capital relationships [J]. Regional Studies, 2002, 36 (3): 291-305.

[226] POWELL W W, OBERG A. Networks and institutions [A] //In R. Greenwood, C. Oliver, T. B. Lawrence and R. E. Meyer (Eds.): The SAGE Handbook of Organizational Institutionalism (2nd ed) [C]. London: Sage, 2017: 446-476.

[227] POWELL W W, RERUP C.Opening the black box: The microfoundations of institutions [A] //In R. Greenwood, C. Oliver, T. B. Lawrence and R. E. Meyer (Eds.): The SAGE Handbook of Organizational Institutionalism (2nd ed) [C]. London: Sage, 2017: 311-337.

[228] PRATT M G, DOUCET L.Ambivalent feelings in organizational relationships [A] //In S. Fineman (Ed.): Emotion in Organizations (2nd ed) [C].

London: Sage, 2000: 204–226.

[229] PRATT M G, ROSA J A. Transforming work–family conflict into commitment in network marketing organizations [J]. Academy of Management Journal, 2003, 46 (4): 395–418.

[230] PRIESTER J R, PETTY R E. The gradual threshold model of ambivalence: Relating the positive and negative bases of attitudes to subjective ambivalence [J]. Journal of Personality and Social Psychology, 1996, 71 (3): 431–449.

[231] PUDDEPHATT A J. Incorporating ritual into greedy institution theory: The case of devotion in amateur chess [J]. Sociological Quarterly, 2008, 49 (1): 155–180.

[232] PURANAM P, SINGH H, ZOLLO H. Organizing for innovation: Managing the coordination–autonomy dilemma in technology acquisitions [J]. Academy of Management Journal, 2006, 49 (2): 263–280.

[233] RAAIJMAKERS A G M, VERMEULEN P A M, MEEUS M T H, et al. I need time! Exploring pathways to compliance under institutional complexity [J]. Academy of Management Journal, 2015, 58 (1): 85–110.

[234] RAISCH S, BIRKINSHAW J. Organizational ambidexterity: Antecedents, outcomes, and moderators [J]. Journal of Management, 2008, 34 (3): 375–409.

[235] RAO H, MORRILL C, ZALD M N. Power plays: How social movements and collective action create new organizational forms [J]. Research in Organizational Behaviour, 2000 (22): 239–282.

[236] RAO H. Caveat emptor: The construction of non–profit consumer watchdog organizations [J]. American Journal of Sociology, 1998, 103 (4): 912–961.

[237] RAUCH J E. Does history matter only when it matters little? The case of city–industry location [J]. The Quarterly Journal of Economics, 1993, 108

(3)：843-867.

[238] REES L，ROTHMAN N B，LEHAVY R，et al.The ambivalent mind can be a wise mind：Emotional ambivalence increases judgment accuracy [J]. Journal of Experimental Social Psychology，2013，49 (3)：360-367.

[239] REINA C S，ZHANG Z，PETERSON S J.CEO grandiose narcissism and firm performance：The role of organizational identification [J]. The Leadership Quarterly，2014，25 (5)：958-971.

[240] RESICK C J，WHITMAN D S，WEINGARDEN S M，et al.The bright-side and the darkside of CEO personality：Examining core self-evaluations，narcissism，transformational leadership，and strategic influence [J]. Journal of Applied Psychology，2009，94 (6)：1365-1381.

[241] ROCHA H O.Entrepreneurship and development：The role of clusters [J]. Small Business Economics，2004，23 (5)：363-400.

[242] ROJAS F.Power through institutional work：Acquiring academic authority in the 1968 third world strike [J]. Academy of Management Journal，2010，53 (6)：1263-1280.

[243] ROSENKOPF L，NERKAR A. Beyond local search：Boundary-spanning，exploration，and impact in the optical disk industry [J]. Strategic Management Journal，2001，22 (4)：287-306.

[244] ROTHAERMEL F T，ALEXANDRE M T. Ambidexterity in technology sourcing：The moderating role of absorptive capacity [J]. Organization Science，2009，20 (4)：759-780.

[245] ROTHAERMEL F T，DEEDS D L.Exploration and exploitation alliances in biotechnology：A system of new product development [J]. Strategic Management Journal，2004，25 (3)：201-221.

[246] ROTHMAN N B，MELWANI S.Feeling mixed，ambivalent and in flux：The social functions of emotional complexity for leaders [J]. Academy of Management Review，2017，42 (2)：259-282.

[247] SAHLINS M.Stone age economics [M]. New York: Aldine, 1972.

[248] SAMIMI M, CORTES A F, ANDERSON M H, et al. What is strategic leadership? Developing a framework for future research [J]. Leadership Quarterly, 2022, 33 (3): 101353.

[249] SANDBERG J, TSOUKAS H. Grasping the logic of practice: Theorizing through practical rationality [J]. Academy of Management Review, 2011, 36 (2): 338-360.

[250] SAXENIAN A.Regional advantage: Culture and competition in Silicon Valley and Route 128 [M]. Cambridge, MA: Harvard University Press, 1994.

[251] SCOTT A J. New industrial spaces: Flexible production organization and regional development in North American and Western Europe [M]. London: Pion, Ltd., 1988: 10-21.

[252] SCOTT W R.Institutions and organizations [M]. Newbury Park, CA: Sage, 1995.

[253] SELZNICK P. Leadership in administration [M]. New York: Harper and Row, 1957.

[254] SEO M, CREED D W E.Institutional contradictions, praxis and institutional change: A dialectical perspective [J]. Academy of Management Review, 2002, 27 (2): 222-247.

[255] SHERER P D, LEE K. Institutional change in large law firms: a resource dependency and institutional perspective [J]. Academy of Management Journal, 2002, 45 (1): 102-119.

[256] SIGALL H, MILLS J. Measures of independent variables and mediators are useful in social psychology experiments: But are they necessary? [J]. Personality and Social Psychology Review, 1998, 2 (3): 218-226.

[257] SIGGELKOW N, RIVKIN J. When exploration backfires: Unintended consequences of multilevel organizational search [J]. Academy of Management Journal, 2006, 49 (4): 779-795.

[258] SIMSEK Z, HEAVEY C, FOX B C. Interfaces of strategic leaders: A conceptual framework, review, and research agenda [J]. Journal of Management, 2018, 44 (1): 280-324.

[259] SMETS M, ARISTIDOU A, WHITTINGTON R. Towards a practice-driven institutionalism [A] //In R.Greenwood, C. Oliver, T. B. Lawrence and R. E. Meyer (Eds.): The SAGE Handbook of Organizational Institutionalism (2nd ed) [C]. London: Sage, 2017: 384-411.

[260] SMETS M, JARZABKOWSKI P, BURKE G T, et al.Reinsurance trading in Lloyd's of London: Balancing conflicting-yet-complementary logics in practice [J]. Academy of Management Journal, 2015, 58 (3): 932-970.

[261] SMETS M, MORRIS T, GREENWOOD R. From practice to field: A multilevel model of practice-driven institutional change [J]. Academy of Management Journal, 2012, 55 (4): 877-904.

[262] SODA G, TORTORIELLO M, IORIO A. Harvesting value from brokerage: Individual strategic orientation, structural holes, and performance [J]. Academy of Management Journal, 2018, 61 (3): 896-918.

[263] SOUITARIS V, ZERBINATI S, LIU G. Which iron cage? Endo- and exo-isomorphism in corporate venture capital programs [J]. Academy of Management Journal, 2012, 55 (2): 477-505.

[264] SPENCER S J, ZANNA M P, FONG G. Establishing a causal chain: Why experiments are often more effective than mediational analyses in examining psychological processes [J]. Journal of Personality and Social Psychology, 2005, 89 (6): 845-851.

[265] STABER U. Spatial proximity and firm survival in a declining industrial district: The case of knitwear firms in Baden-Württemberg [J]. Regional Studies, 2001, 35 (4): 329-341.

[266] STORPER M, VENABLES A J. Buzz: Face-to-face contact and the urban economy [J]. Journal of Economic Geography, 2004, 4 (4): 351-370.

[267] STORPER M.The regional world: territorial development in a global economy [M]. New York: The Guilford Press, 1997.

[268] STRAUSS A, CORBIN J. Basics of qualitative research: Techniques and procedures for developing grounded theory (2nd ed.) [M]. Thousand Oaks, CA: Sage, 1998.

[269] STRAUSS A. Qualitative analysis for social scientists [M]. New York: Cambridge University Press, 1987.

[270] SUCHMAN M. Managing legitimacy: Strategic and institutional approaches [J]. Academy of Management Review, 1995, 20 (3): 571–610.

[271] SUDDABY R, GREENWOOD R. Rhetorical strategies of legitimacy [J]. Administrative Science Quarterly, 2005, 50 (1): 35–67.

[272] SUDDABY R, HARDY C, HUY Q N. Where are the new theories of organization? [J]. Academy of Management Review, 2011, 36 (2): 236–246.

[273] SUDDABY R, VIALE T, GENDRON Y.Reflexivity: The role of embedded social position and entrepreneurial social skill in processes of field level change [J]. Research in Organizational Behavior, 2016 (36): 225–245.

[274] SUDDABY R. What grounded theory is not [J]. Academy of Management Journal, 2006, 49 (4): 633–642.

[275] SUTTON R I, STAW B M.What theory is not [J]. Administrative Science Quarterly, 1995, 40 (3): 371–384.

[276] SWANN P G M.Towards a Model of Clustering in High–Technology Industries [A] // In P. Swann G. M., M. Prevezer and D. Stout (Eds.), The Dynamics of Industrial Clustering International Comparisons in Computing and Biotechnology [C]. UK: Oxford University Press, 1998: 34–56.

[277] TALLMAN S, JENKINS M, HENRY N, et al. Knowledge, clusters, and competitive advantage [J]. Academy of Management Review, 2004, 29 (2): 258–271.

[278] TAN J. Growth of industry clusters and innovation: Lessons from Beijing Zhongguancun Science Park [J]. Journal of Business Venturing, 2006, 21 (6): 827-850.

[279] TAYLOR A, HELFAT C E. Organizational linkages for surviving technological change: Complementary assets, middle management, and ambidexterity [J]. Organization Science, 2009, 20 (4): 718-739.

[280] THORNTON P H, OCASIO W, LOUNSBURY M. The institutional logics perspective: A new approach to culture, structure, and process [M]. Oxford: Oxford University Press, 2012.

[281] THORNTON P H, OCASIO W. Institutional logics and the historical contingency of power in organizations: Executive succession in the higher education publishing industry [J]. American Journal of Sociology, 1999, 105 (3): 801-843.

[282] THORNTON P H, OCASIO W. Institutional logics [A] //In R. Greenwood, C. Oliver, K. Sahlin and R. Suddaby (Eds.): The SAGE Handbook of Organizational Institutionalism [C]. London: Sage, 2008: 99-129.

[283] THORNTON P H. Markets from culture: Institutional logics and organizational decisions in higher education publishing [M]. Stanford, CA: Stanford University Press, 2004.

[284] TRACEY P, PHILLIPS N, JARVIS O. Bridging institutional entrepreneurship and the creation of new organizational forms: A multilevel model [J]. Organization Science, 2011, 22 (1): 60-80.

[285] TSANG E W K, ELLSAESSER F. How contrastive explanation facilitates theory building [J]. Academy of Management Review, 2011, 36 (2): 404-419.

[286] TSUI A S, SCHOONHOVEN C B, MEYER M W, et al. Organization and management in the midst of societal transformation: The People's Republic of China [J]. Organization Science, 2004, 15 (2): 133-144.

［287］ TSUI A S. Autonomy of inquiry: Shaping the future of emerging scientific communities ［J］. Management and Organization Review, 2009, 5 (1): 1–14.

［288］ TUSHMAN M L, NEWMAN W H, ROMANELLI E. Convergence and upheaval: Managing the unsteady pace of organizational evolution ［J］. California Management Review, 1986, 29 (1): 29–44.

［289］ TUSHMAN M L, O'REILLY C A III. Ambidextrous organizations: Managing evolutionary and revolutionary change ［J］. California Management Review, 1996, 38 (4): 8–30.

［290］ TUSHMAN M, ROMANELLI E. Organizational evolution: A metamorphosis model of convergence and reorientation ［A］ // In L. L. Cummings and B. M. Staw (Eds.), Research in organizational behavior ［C］. vol.7: 171–222. Greenwich, CT: JAI Press, 1985.

［291］ TYLOR A, GREVE H R. Superman or the fantastic four? Knowledge combination and experience in innovative teams ［J］. Academy of Management Journal, 2006, 49 (4): 723–740.

［292］ VADERA A K, PRATT M G. Love, hate, ambivalence, or indifference? A conceptual examination of workplace crimes and organizational identification ［J］. Organization Science, 2013, 24 (1): 172–188.

［293］ VAN DE VEN A H, POOLE M S. Alternative approaches for studying organizational change ［J］. Organization Studies, 2005, 26 (9): 1377–1403.

［294］ VERMEULEN F, BARKEMA H. Learning through acquisitions ［J］. Academy of Management Journal, 2001, 44 (3): 457–476.

［295］ VORONOV M, VINCE R. Integrating emotions into the analysis of institutional work ［J］. Academy of Management Review, 2012, 37 (1): 58–81.

［296］ VORONOV M, WEBER K. The heart of institutions: Emotional competence and institutional actorhood ［J］. Academy of Management Review, 2016,

41 (3): 456-478.

[297] VORONOV M, YORKS L. Did you notice that? Theorizing differences in the capacity to apprehend institutional contradictions [J]. Academy of Management Review, 2015, 40 (4): 563-586.

[298] WADHWA A, KOTHA S. Knowledge creation through external venturing: Evidence from the telecommunications equipment manufacturing industry [J]. Academy of Management Journal, 2006, 49 (4): 819-835.

[299] WEBB J W, TIHANYI L, IRELAND R D, et al. You say illegal, I say legitimate: Entrepreneurship in the informal economy [J]. Academy of Management Review, 2009, 34 (3): 492-510.

[300] WEBER A. Theory of the location of industries [M]. Translated by C. J. Friedrich.Chicago: University of Chicago Press, 1909/1928.

[301] WEBER M. Economy and society: An outline of interpretive sociology [M]. Berkeley, CA: University of California Press, 1978.

[302] WEBER M. From Max Weber: Essays in sociology [M]. Translated and edited by Hans H. Gerth and C. Wright Mills. New York: Oxford University Press, 1924/1946.

[303] WEI J, ZHOU M, GREEVEN M, et al. Economic governance, dual networks and innovative learning in five Chinese industrial clusters [J]. Asia Pacific Journal of Management, 2016, 33 (4): 1037-1074.

[304] WHETTEN D A. What constitutes a theoretical contribution? [J]. Academy of Management Review, 1989, 14 (4): 490-495.

[305] WHITTINGTON K B, OWEN-SMITH J, POWELL W W. Networks, propinquity, and innovation in knowledge-intensive industries [J]. Administrative Science Quarterly, 2009, 54 (1): 90-122.

[306] WILLIAMSON O E. Comparative economic organization: The analysis of discrete structural alternatives [J]. Administrative Science Quarterly, 1991, 36 (2): 269-296.

[307] WILLIAMSON O E.The economic institutions of capitalism [M]. New York: Free Press, 1985.

[308] WILSON J F, SINGLETON J. The Manchester Industrial Districts, Clustering, Networking and Performance [A] //In J. Wilson and A. Popp (Eds.), Industrial Clusters and Regional Business Networks in England [C]. London: Ashgate Publishing Company, 2003: 48–58.

[309] WITMAN Y, SMID G A C, MEURS P L, et al. Doctor in the lead: Balancing between two worlds [J]. Organization, 2011, 18 (4): 477–495.

[310] WRY T, LOUNSBURY M. Contextualizing the categorical imperative: Category linkages, technology focus, and resource acquisition in nanotechnology entrepreneurship [J]. Journal of Business Venturing, 2013, 28 (1): 117–133.

[311] WRY T, YORK J G. An identity-based approach to social enterprise [J]. Academy of Management Review, 2017, 42 (3): 437–460.

[312] WYER R S. Assessment and correlates of cognitive differentiation and integration [J]. Journal of Personality, 1964, 32 (3): 495–509.

[313] XIAO Z, TSUI A S.When brokers may not work: The cultural contingency of social capital in Chinese high-tech firms [J]. Administrative Science Quarterly, 2007, 52 (1): 1–31.

[314] YIN R K.Case study research: Design and methods [M]. Thousand Oaks: Sage Press, 2003.

[315] YOU S Y, ZHOU J Z, ZHOU S J, et al. Organizational learning under institutional complexity: Evidence from township clusters in China [J]. Management and Organization Review, 2021, 17 (4): 726–754.

[316] YOU S Y, ZHOU K, ZHOU Z, et al.How does human capital foster product innovation? The contingent roles of industry cluster features [J]. Journal of Business Research, 2021 (130): 335–347.

[317] ZAHEER A, SODA G. Network evolution: The origins of structural holes [J]. Administrative Science Quarterly, 2009, 54 (1): 1–31.
[318] ZAHRA S A, GEORGE G. Absorptive capacity: A review, reconceptualization, and extension [J]. Academy of Management Review, 2002, 27 (2): 185–203.
[319] ZHANG H, OU A Y, TSUI A S, et al. CEO humility, narcissism and firm innovation: A paradox perspective on CEO traits [J]. The Leadership Quarterly, 2017, 28 (5): 585–604.
[320] ZHANG L, REN S, CHEN X, et al. CEO hubris and firm pollution: State and market contingencies in a transitional economy [J]. Journal of Business Ethics, 2020, 161 (2): 459–478.
[321] ZHAO C, BURT R S. A note on business survival and social network [J]. Management and Organization Review, 2018, 14 (2): 377–394.
[322] ZIETSMA C, LAWRENCE T B. Institutional work in the transformation of an organizational field: The interplay of boundary work and practice work [J]. Administrative Science Quarterly, 2010, 55 (2): 189–221.
[323] ZILBER T B. Institutionalization as an interplay between actions, meaning, and actors: The case of a rape crisis center in Israel [J]. Academy of Management Journal, 2002, 45 (1): 234–254.
[324] 蔡晓梅，苏杨. 从冲突到共生 —— 生态文明建设中国家公园的制度逻辑 [J]. 管理世界，2022，38 (11)：131–154.
[325] 曹祖毅，谭力文，贾慧英. 脱节还是弥合？中国组织管理研究的严谨性、相关性与合法性 —— 基于中文管理学期刊 1979 ~ 2018 年的经验证据 [J]. 管理世界，2018，34 (10)：208–229.
[326] 陈劲，尹西明. 范式跃迁视角下第四代管理学的兴起、特征与使命 [J]. 管理学报，2019，16 (1)：1–8.
[327] 陈爽英，井润田，龙小宁，等. 民营企业家社会关系资本对研发投资决策影响的实证研究 [J]. 管理世界，2010 (1)：88–97.

[328] 陈扬．组织多元应对策略前沿研究评述：从“制度逻辑”到“组织身份”[J]．华东经济管理，2015，29（10）：146-151.
[329] 池仁勇．区域中小企业创新网络形成、结构属性与功能提升：浙江省实证考察［J］．管理世界，2005（10）：102-112.
[330] 邓宏图，康伟．地方政府、制度、技术外溢与企业集群的默示性知识——以转轨期天津自行车企业集群的演化为例［J］．管理世界，2006（2）：63-70.
[331] 杜运周，尤树洋．制度逻辑与制度多元性研究前沿探析与未来研究展望［J］．外国经济与管理，2013，35（12）：2-10；30.
[332] 符正平，曾素英．集群产业转移中的转移模式与行动特征——基于企业社会网络视角的分析［J］．管理世界，2008（12）：83-92.
[333] 高春亮，毛丰付，余晖．激励机制、财政负担与中国医疗保障制度演变——基于建国后医疗制度相关文件的解读［J］．管理世界，2009（4）：66-74.
[334] 高静美，陈甫．组织变革知识体系社会建构的认知鸿沟——基于本土中层管理者 DPH 模型的实证检验［J］．管理世界，2013（2）：107-124；188.
[335] 高良谋，高静美．管理学的价值性困境：回顾、争鸣与评论［J］．管理世界，2011（1）：145-167.
[336] 高良谋，胡国栋．人性结构与管理性质［J］．哲学研究，2012（11）：120-124.
[337] 葛菲，田启涛，贺小刚．产权性质和制度质量调节作用下的 CEO 过度自信与企业国际扩张研究［J］．管理学报，2020，17（7）：1007-1015.
[338] 葛明磊，张丽华，黄秋风．产业互联网背景下多重制度逻辑与组织双元性研究——以苏宁 O2O 变革过程为例［J］．管理评论，2018，30（2）：242-255.
[339] 郭丽虹，汪制邦．CEO 继任来源、多元化职业经历与僵尸企业治理［J］．经济管理，2021，43（9）：86-104.

［340］ 郭毅．活在当下：极具本土特色的中国意识 —— 一个有待开发的本土管理研究领域［J］．管理学报，2010，7（10）：1426-1432.

［341］ 韩巍．“管理学在中国” —— 本土化学科建构几个关键问题的探讨［J］．管理学报，2009，6（6）：711-717.

［342］ 何佳讯，葛佳烨，张凡．中国学者管理学研究的世界贡献：国际合作、前沿热点与贡献路径——基于世界千种管理学英文期刊论文（2013—2019）的定量分析［J］．管理世界，2021，37（9）：36-67.

［343］ 何瑛，于文蕾，戴逸驰，等．高管职业经历与企业创新［J］．管理世界，2019，35（11）：174-192.

［344］ 黄昊，王国红．制度逻辑视角下创新型中小企业的社会防御机制研究［J］．科研管理，2022，43（3）：108-116.

［345］ 黄杰，程德俊．中国管理学情境化学术创业的双元目标悖论与解决路径：以人力资源管理学科为例［J］．管理学报，2022，19（9）：1261-1272.

［346］ 黄群慧，邵婧婷．加快构建新时代具有中国特色的管理学理论体系［J］．山东大学学报（哲学社会科学版），2025（2）：22-36.

［347］ 黄群慧．改革开放四十年中国企业管理学的发展 —— 情境、历程、经验与使命［J］．管理世界，2018，34（10）：86-94；232.

［348］ 贾良定，尤树洋，刘德鹏，等．构建中国管理学理论自信之路 —— 从个体、团队到学术社区的跨层次对话过程理论［J］．管理世界，2015（1）：99-117.

［349］ 金太军，汪波．经济转型与我国中央 — 地方关系制度变迁［J］．管理世界，2003（6）：43-51.

［350］ 李宝元，董青，仇勇．中国管理学研究：大历史跨越中的逻辑困局 —— 相关文献的一个整合性评论［J］．管理世界，2017（7）：157-169.

［351］ 李海洋，李新春．中国管理学研究向何处去？［J］．管理学季刊，2018，3（2）：1-9；144.

［352］ 李兰，王锐，彭泗清．企业家成长 30 年：企业家精神引领企业迈向高质量发展 —— 中国企业家队伍成长与发展 30 年调查综合报告［J］．管理

世界，2023，39（3）：113-136.
［353］李新春，宋宇，蒋年云．高科技创业的地区差异［J］．中国社会科学，2004（3）：17-30；205.
［354］李新春．企业家协调与企业集群——对珠江三角洲专业镇企业集群化成长的分析［J］．南开管理评论，2002（3）：49-55.
［355］林让，杨宜苗．矛盾态度对决策后自我评价的影响：有中介的双阶段调节作用［J］．心理学报，2021，53（12）：1348-1360.
［356］林曦．管理学的学科属性与学科定位［J］．社会科学管理与评论，2006（3）：9.
［357］刘德鹏，贾良定，刘畅唱，等．从自利到德行：商业组织的制度逻辑变革研究［J］．管理世界，2017（11）：94-111；188.
［358］刘世锦．产业集群蓝皮书：中国产业集群发展报告（2007—2008）［M］.北京：中国发展出版社，2008.
［359］刘振，崔连广，杨俊，等．制度逻辑，合法性机制与社会企业成长［J］．管理学报，2015，12（4）：565-575.
［360］彭长桂，吕源．制度如何选择：谷歌与苹果案例的话语分析［J］．管理世界，2016（2）：149-169.
［361］钱锡红，杨永福，徐万里．网络位置、吸收能力与集群企业创新［J］．经济管理，2009（7）：21-27.
［362］秦朔．中国管理学家“转向”的时代意义［J］．管理学报，2017，14（1）：24-25.
［363］丘海雄，徐建牛．产业集群技术创新中的地方政府行为［J］．管理世界，2004（10）：36-46.
［364］权小锋，吴世农．CEO权力强度、信息披露质量与公司业绩的波动性——基于深交所上市公司的实证研究［J］．南开管理评论，2010，13（4）：142-153.
［365］沈伟．谁影响中国管理研究的发展方向？［J］．管理学季刊，2018，3（2）：32-35；147.

［366］ 盛昭瀚．扎根中国实践是我国管理学研究的优良品格［J］．管理工程学报，2024，38（2）：1-7.

［367］ 苏勇，段雅婧．当西方遇见东方：东方管理理论研究综述［J］．外国经济与管理，2019，41（12）：3-18.

［368］ 谭劲松，何铮．集群研究文献综述及发展趋势［J］．管理世界，2007（12）：140-147.

［369］ 谭力文，赵瑞，曹祖毅，等．21 世纪以来中国组织与管理研究方法的演进与发展趋势［J］．管理学报，2016，13（9）：1263-1273.

［370］ 谭伟强，彭维刚，孙黎．规模竞争还是范围竞争？——来自中国企业国际化战略的证据［J］．管理世界，2008（2）：126-135.

［371］ 田志龙，杨玲．解读中国企业 / 企业家管理思想：研究选题思路与论文撰写建议［J］．管理学报，2022，19（5）：633-639.

［372］ 王凤彬，安百宇，刘露露，等．中国管理学术生态的演化——过程理论视角的历时性研究［J］．中国人民大学学报，2023，37（5）：58-73.

［373］ 王广禄，陈林，刘怡珉．从中华优秀传统文化中汲取管理学智慧［N］．中国社会科学报，2023-08-28 .

［374］ 王珺，岳芳敏．技术服务组织与集群企业技术创新能力的形成——以南海西樵纺织产业集群为例［J］．管理世界，2009（6）：72-81.

［375］ 王珺．企业簇群的创新过程研究［J］．管理世界，2002（10）：102-110.

［376］ 王利平．制度逻辑与“中魂西制”管理模式：国有企业管理模式的制度分析［J］．管理学报，2017，14（11）：1579-1586.

［377］ 王为东，王文平．基于企业学习策略的集群持续创新机制及实证研究［J］．南开管理评论，2009（6）：27-33.

［378］ 魏峰，王艺霏，袁欣欣．CEO 谦卑和任务分配有效性对创业绩效的影响：领导——成员交换的中介作用［J］．科学学与科学技术管理，2021，42（1）：161-173.

［379］ 吴波，杨步韵，王晓婷，等．多重制度逻辑下混合型组织的可持续混合机理：基于义乌復元医院的案例研究［J］．南开管理评论，2022，25

(4)：212-226.

[380] 吴建祖，龚敏．基于注意力基础观的 CEO 自恋对企业战略变革影响机制研究［J］．管理学报，2018，15（11）：1638-1646.

[381] 吴结兵，郭斌．企业适应性行为、网络化与产业集群的共同演化——绍兴县纺织业集群发展的纵向案例研究［J］．管理世界，2010（2）：141-155；188.

[382] 吴结兵，徐梦周．网络密度与集群竞争优势：集聚经济与集体学习的中介作用——2001—2004 年浙江纺织业集群的实证分析［J］．管理世界，2008（8）：69-76；187-188.

[383] 吴照云，巫周林，姜浩天．中国管理学派：履践、责任与未来［J］．中国文化与管理，2023（1）：2-12；219.

[384] 吴照云，张兵红．中国管理科学体系的未来构建［J］．经济管理，2018，40（9）：5-17.

[385] 武常岐．轻舟已过万重山：中国管理学发展三十年［J］．管理学季刊，2022，7（1）：25-34；179.

[386] 武亚军，葛明磊．以史为镜，吾道不孤——"入世式学术"生产本土管理知识的回顾与前瞻［J］．外国经济与管理，2020，42（8）：17-35；49.

[387] 习近平．在企业家座谈会上的讲话［EB/OL］．［2020-07-21］．https：//www.gov.cn/xinwen/2020-07/21/content_5528791.htm.

[388] 颜世富，马喜芳．中国管理学如何为世界管理学做出新贡献——"第21 届世界管理论坛暨东方管理论坛"学术思想述要［J］．管理世界，2018，34（5）：165-167.

[389] 杨书燕，吴小节，汪秀琼．制度逻辑研究的文献计量分析［J］．管理评论，2017，29（3）：90-109.

[390] 杨帅，温铁军．经济波动、财税体制变迁与土地资源资本化——对中国改革开放以来"三次圈地"相关问题的实证分析［J］．管理世界，2010（4）：32-42.

［391］ 尤树洋，贾良定，蔡亚华．中国管理与组织研究 30 年：论文作者、风格与主题的分布及其演变［J］．华南师范大学学报（社会科学版），2011（4）：86-93；160.

［392］ 尤树洋，贾良定．制度创业中的社会认同及其情感机制：H 镇产业集群的质性研究［J］．外国经济与管理，2018，40（9）：3-17.

［393］ 余菁．中道西用：中国管理学自主知识体系构建方向［J］．经济管理，2023，45（10）：5-26.

［394］ 韵江，宁鑫，暴莹．CEO 过度自信与战略变革——基于“韧性效应”和“创造效应”的研究［J］．南开管理评论，2022，25（5）：180-192；214.

［395］ 张燕．战略领导力研究：最近 20 年的进展与未来研究方向［J］．管理学季刊，2021，6（1）：1-15；160.

［396］ 张正堂．如何提升中国管理学研究对实践的贡献——基于管理知识生产传播模型的研究［J］．中国工业经济，2023（10）：137-154.

［397］ 郑雅琴，贾良定，尤树洋，等．中国管理与组织的情境化研究——基于 10 篇高度中国情境化研究论文的分析［J］．管理学报，2013，10（11）：1561-1566.

［398］ 周雪光，艾云．多重制度逻辑下的制度变迁：一个分析框架［J］．中国社会科学，2010（4）：132-150；223.

［399］ 朱洪泉．继往开来：评《战略领导力研究：最近 20 年的进展和未来研究方向》［J］．管理学季刊，2021，6（1）：16-25；161.

［400］ 朱小斌，林庆．中小企业集群竞争优势来源的演化差异——基于浙江绍兴纺织业集群的案例研究［J］．管理世界，2008（10）：75-86；187.

附录一

初始访谈提纲

一、产业集群发展历程

1. 请您描述贵企业所在产业集群是从何时、如何产生/形成的？

2. 企业集群的成长和发展经历了哪些重要阶段？每个阶段有什么典型的标志性大事件？

3. 您的企业是什么时候和基于什么原因加入到此产业集群中的？

4. 集群中的大部分企业是何时、为什么以及如何进入到这个集群中的？

5. 您的企业经历了哪些重要的变化？可以以阶段性事件进行描述。

二、产业集群中，企业管理实践的变化

6. 在产业集群发展过程中，产业创造或引入了哪些创新性的企业管理实践？它们是为什么以及如何产生的？对集群发展带来了哪些较为明显的变化？

注：此处的“创新性管理实践”是指在产业集群发展过程中，所有或大部分企业原来用一种方式从事某种生产经营活动，但到了某个阶段，换了另一种方式做同样的事情，比如组织结构、人力资源政策、营销方法等。

7. 是哪些单位或个人率先提出了这些管理实践？这些单位或个人具备哪些特征？（如企业性质、企业在整个集群中的地位、个人的性格和行为特征等）请详细列举几个例子或事件。

8. 迄今为止，这些创新性的管理实践是否成了集群中全部企业（或大部分企业）都遵循的一种规范做法？

9. 对于没有成为一种规范做法的管理实践，您觉得主要原因是

什么？

三、创新性管理实践的传播过程

10. 据您所知，那些率先提出或引入创新性管理实践的单位或个人，具体采用了哪些重要的手段和做法，试图使新的管理实践在整个集群中被广泛接受和采纳？请举几个例子并讲述具体细节。

11. 在推广这些新管理实践的过程中，有哪些单位或个人参与其中？他们是如何参与的？请您详细描述一些细节。

附录二

核心一阶构念的部分数据示例

附表1　　核心一阶构念的部分数据示例

强制性同构 （coercive isomorphism）	● 技术是跟着设备进来的，卖设备的人会教你怎么做。买一台机器回来，他就告诉你怎样操作，没有什么深奥的①
规范性过程 （normative pressure）	● 跟老板说好了，把人放在你那里。这几个人学什么，那几个人学什么，这个老板是有数的，就是这样的② ● 我们办眼镜四厂，我们村里一些在其他厂的工人就能提供帮助，我们要学习技术就到他们那里去培训③ ● A公司就培养了一批CR39的骨干，很多人就带着技术跳出来了④
模仿过程 （mimetic process）	● 眼镜生产后来其他企业听说很好，就一窝蜂地开始效仿了，是从1979年开始的⑤ ● 我也买这种机器，先到你这里来看看怎么操作，请个师傅，再去学习学习，这个树脂材料在哪里买？这种机器设备呢？反正工序他们都是知道的，先慢慢做出来，也是可以的，然后就跟上了⑥
改进 （refinement）	● 特别是后来，开始是手磨，后来就是用高速磨片机，一条流水线的话学技术就快了⑦ ● 起步阶段，大家很多东西都不确定，为什么有这么多问题要我们配套企业跟他们商量和解决，因为生产线上的技术人员也不知道问题出在哪里⑧

① 访谈数据：DY商会秘书长第四次访谈。
② 访谈数据：ST镇志办公室成员第三次访谈。
③ 访谈数据：原DY眼镜四厂党委书记第二次访谈。
④ 访谈数据：C公司管理人员访谈。
⑤ 访谈数据：ST镇志办公室成员第三次访谈。
⑥ 访谈数据：ST镇志办公室成员第二次访谈。
⑦ 访谈数据：ST镇志办公室成员第三次访谈。
⑧ 访谈数据：E公司高层管理人员第二次访谈。

续表

追求效益 （efficiency）	● 20世纪80年代末，我们都是初始化阶段，也就是用个汽油打镜架的设备，就是烧眼镜，那时都是黄铜的，很简单的，大概运行了三到四年① ● 一批完成原始积累的眼镜生产企业进入二次创业高峰期，DY行业出现了一股建厂房、添设备的热潮。在DY的ST镇、开发区等地，一个又一个的眼镜生产企业兴建的漂亮厂房拔地而起②
打破已有框架 （break model）	● 20世纪90年代初DY眼镜走出国门，并积极参加大型博览会③ ● 我们参加美国眼镜国际博览会的时候，无意中发现不满16周岁还有年满60周岁的人必须佩戴树脂镜片，那个时候树脂镜片在我们国内还没有④
打破价值观 （break value commitment）	● 目前，眼镜行业正处于一个从同质化、密集劳动力生产向提高产品附加值增强品牌美誉度方向转化的特殊时期，已经有企业把请明星代言作为迅速提高产品知名度及市场占有率的手段⑤

① 访谈数据：C公司高层管理人员访谈。
② 文档数据：DY眼镜商会内部资料。
③ 文档数据：DY眼镜商会内部资料。
④ 访谈数据：A公司副总经理第一次访谈。
⑤ 文档数据：DY眼镜商会内部资料。

续表

搜寻 （search）	● 当时不会，就请了几个技术工人来帮助做。从西安请过来，我记得每年给十万元年薪，那时候基本工资也就每个月1 000元[①] ● 我们在当时是下了苦功夫的，到处寻求技术，把外面的技术引进来[②] ● T总在企业经营还比较困难的情况下，依然花重金聘请了韩国的工程师来企业指导，生产出了基本能和韩国产品抗衡的产品[③] ● A公司强势打造中国树脂镜片领域的高折产品，预计2010年12月底完工，技术人员、设备等全部到位后将开始高折镜片的全线生产。A公司董事长表示，希望这次高折生产项目的投产能给整个民族镜片产业更多的信心，国产品牌也一定能提供顶级水平的镜片产品[④]
创新 （innovation）	● 当时A公司厂里有一口废弃的深井，研制报废的镜片不仅填满了这口井，后来在厂外还挖了大坑来填[⑤] ● 我们通常叫高折镜片，去年投产的这个车间，设备都是进口的，现在一期工程已经基本完成[⑥] ● 联合国国际信息科学院院士、深圳大学传播系主任余明阳应邀来到DY，给DY市企业家、企业高层管理人员做“品牌与战略的管理”讲座[⑦] ● 营销策划能力要强，在创造和建设品牌的过程中要避免几个误区：①好的产品即品牌；②著名商标即品牌；③做好广告即品牌[⑧]

① 访谈数据：DY商会秘书长第一次访谈。
② 访谈数据：C公司高层管理人员访谈。
③ 文档数据：DY眼镜商会内部资料。
④ 文档数据：DY眼镜商会内部资料。
⑤ 文档数据：DY眼镜商会内部资料。
⑥ 访谈数据：A公司副总经理第一次访谈。
⑦ 文档数据：DY眼镜商会内部资料。
⑧ 文档数据：DY眼镜商会内部资料。

续表

无效率 （inefficiency）	● 国内的竞争和外部的夹击，一夜之间就垮掉了[①] ● 红火时一付加硬镀膜的树脂镜片批发价为40元，在价格战之下，此价格一路狂泄至6元。“利润薄的像张纸！”而且在激烈的竞争下行业空前透明，价格再也提不上去了[②]
利益冲突 （misaligned interest）	● 每次参加国际眼镜业展览会，中国企业的展位都被安排在不起眼的角落，显眼处基本都是国外的大企业；不少国外公司买了中国眼镜企业的白片，回去重新包装、贴上牌子，再到中国却已经是身价倍增的国际品牌产品了[③] ● 尽管在国内外市场上所占的份额不少，但DY人却自信不起来，因为DY绝大多数眼镜企业都是给别人贴牌生产加工，镜片干脆就是白片让别人去打商标、包装、出售，标准地为他人做“嫁衣”，自己只能从中挣点辛苦钱[④]
不适应性 （nonadaptability）	● 境外眼镜产品如洪水般地涌入中国市场，将国内许多大型企业一下冲垮了，ZJ眼镜总厂也处于风雨飘摇中[⑤]
组织模式争议 （contestation）	● 眼镜生产企业规模较小，产品质量参差不齐，加之自身缺乏宣传和品牌意识，大多数企业不愿意花钱做广告，只埋头生产眼镜[⑥]

① 访谈数据：A公司T总访谈。
② 文档数据：DY眼镜商会内部资料。
③ 文档数据：DY眼镜商会内部资料。
④ 文档数据：DY眼镜商会内部资料。
⑤ 文档数据：DY眼镜商会内部资料。
⑥ 文档数据：DY眼镜商会内部资料。

续表

增加激励 （the role of incentive）	● A公司其实真正做大了，就是参加了两个展会① ● 眼镜产品就是需要品牌，不是一年两年可以打出来的，但是品牌不是你讲就能讲出来的，得要有东西去支撑你的品牌，消费者能接受，受欢迎，质量要过硬，品牌要有品质的支撑②
合法性保证 （legitimacy）	● 改制以后，大家都想办法自己干。像我们村上这样的不是一个两个，我们镇上的个体企业大部分都是这样的③
意识反思性转移 （reflective shift in consciousness）	● 外国的东西就把我们给弄醒了，沉睡了多少年，封闭了多少年，当时如果不是进口眼镜的冲击，我们的眼镜永远发展不到今天，在那里闭门，跟外界不交流，所有的东西都是乱七八糟的，肯定不是世界最先进的。闭门造车是永远做不好的④ ● 一心想干事业的T总心急如焚，"那时候我的头发是大把大把地掉"。他不停地追问自己："我们的民族企业为什么会这么经不住冲击?"⑤ ● T总从中国眼镜产品贴牌前后的巨大价格差和A公司如何打造"中国驰名商标"入手，深入阐述了打造企业自己品牌的必要性⑥ ● DY眼镜发展的根本原因是品牌建设问题，我们要将区域品牌作为推广重点⑦

① 访谈数据：DY眼镜商会秘书长第一次访谈。
② 访谈数据：A公司T总访谈。
③ 访谈数据：原DY眼镜四厂党委书记第二次访谈。
④ 访谈数据：A公司T总访谈。
⑤ 文档数据：DY眼镜商会内部资料。
⑥ 文档数据：DY眼镜商会内部资料。
⑦ 文档数据：DY眼镜商会内部资料。

索　引